ÉTUDE SUR LES CONSÉQUENCES

Morales, Politiques, Economiques et Sociales de la Guerre

Hommage
à JULES GUESDE

La Revanche du Travail

Par Louis ZÉCROI

Préface de Noël HARDY

PRIX : 1 Fr. 75

GRANDE IMPRIMERIE DE TROYES
126 — Rue Thiers — 126

1918

TABLE DES MATIÈRES

ÉTUDES SUR LES CONSÉQUENCES
Morales, Politiques, Économiques et Sociales de la Guerre

Hommage
à JULES GUESDE

La Revanche du Travail

Par Louis ZÉCROI

Préface de Noël HARDY

PRIX : 1 Fr. 75

GRANDE IMPRIMERIE DE TROYES
126 — Rue Thiers — 126

1918

TRAVAILLEURS, ORGANISEZ-VOUS !

Comme citoyen

Adhérez au **Parti socialiste**.

Comme producteur

Adhérez au **Syndicat de votre Corporation**

Comme consommateur

Adhérez à la **Société Coopérative** de votre commune

Camarades, abonnez-vous tous :
Aux organes documentaires et d'enseignements théoriques ci-dessous :

LE DROIT DES PEUPLES, hebdomadaire, organe d'action socialiste nationale et internationale. Rédaction et administration : 6, rue d'Aumale, Paris (9e arrt).

Abonnements : Un an, 6 francs ; six mois, 3 francs.

L'AVENIR, revue mensuelle du socialisme.

Prix du numéro : 1 franc. Abonnements : Un an, 10 francs.

Parmi les collaborateurs, citons : Marcel Cachin, Cleuet, Moutet, E. Poisson, J.-B. Sévérac, A. Thomas, Bidegarray, Bled, Bracke, Compère-Morel, L. Dubreuil, Ch. Dumas, Fiancette, Jules Guesde, N. Hardy. Héliès, Jouhaux, Lebas, A. Luquet, Renaudel, M. Sembat, Saint-Venant, Emile Vanderwelde, etc., etc.

Rédaction et administration : 12, rue de Belzunce, Paris (10e arrt).

A l'occasion du Centenaire de KARL MARX

L'Auteur a voulu rendre

HOMMAGE

au Citoyen Jules GUESDE

qui a fixé, créé et rendue populaire
La Doctrine Collectiviste en France
Fondateur du **Parti Ouvrier Français**

GRAND PATRIOTE

Fut l'un des premiers **Ministres socialistes**
de
LA DÉFENSE NATIONALE

AVANT-PROPOS

Au milieu des heures douloureuses et tragiques que nous vivons, c'est encore une façon — la meilleure — de montrer notre force morale, que de penser, réfléchir, raisonner et écrire sur les problèmes découlant de cette guerre atroce, intéressant le Monde du Travail.

En rédigeant cette petite brochure — qui n'est que le résumé d'un ouvrage plus important que j'ai fait l'an dernier et que des circonstances particulières m'ont empêché jusqu'alors de publier — je n'ai qu'un but : montrer à tous mes camarades travailleurs et socialistes les enseignements qui se dégagent des principaux événements qui se sont produits depuis la guerre.

A mon sens, l'action présente et à venir du Prolétariat, doit être déterminée par les conséquences de la guerre et les « faits » nouveaux produits pour ou par elle.

M'inspirant entièrement de la doctrine de *Karl Marx*, et de la puissance de dialectique de *Jean Jaurès*, de ces deux grands génies socialistes dont les œuvres se complètent si admirablement bien, et dans lesquelles j'ai glané les citations qui agrémentent, en les appuyant, mes propres démonstrations, j'ai voulu montrer surtout, qu'à la lumière du socialisme scientifique, il était facile de dégager « le devoir socialiste », tout en s'écartant avec autant de facilité du chauvinisme nationaliste que de la démagogie anarchiste qui, l'un et l'autre, dans les conjonctures présentes, menacent notre pays déjà bien éprouvé.

J'estime qu'il est bon de le rappeler à ceux de nos camarades, se laissant trop facilement entraîner par le courant de lassitude générale qui gagne les foules affligées par cette horrible calamité. Notre devoir étant d'éclairer — et non de suivre — les masses passives et inconscientes, je pense donc qu'il n'appartient pas aux militants socialistes de s'abandonner aux « gémissements » sur les horreurs de la guerre, comme le font un trop grand nombre de nos amis. Ce mouvement « regressif » de l'action ouvrière parce qu'il cultive l'abattement, généralise par cela même l'avachissement et la servilité synonyme d'esclavage. Il est donc tout le contraire de la véritable action révolutionnaire laquelle ne se mesure pas à la durée ni à l'étendue du sacrifice à consentir, mais seulement au but à atteindre.

Pour cette action, constamment nous devons faire appel « à la conscience de classe » des victimes d'un régime que nous voulons détruire pour qu'elles discernent bien les moyens qui s'offrent à elles au milieu des conjonctures présentes et dont la valeur est déterminée par l'action qui les emploie à ses fins.

« *Gémir c'est trahir !* » a rappelé la Convention à ses généraux défaillants. Jaurès qui s'en sert comme argument dans son œuvre si vivante aujourd'hui, *l'Armée Nouvelle*, le redirait encore avec nous, s'il était là !

C'est donc à la volonté et au courage, au sang-froid et à l'énergie que nous devons faire appel en nous adressant aux travailleurs pour qu'ils arrivent au milieu du chaos inextricable dans lequel notre pauvre humanité se débat, à discerner la bonne route qu'ils doivent suivre pour arriver enfin à la *Paix juste et durable* qui devra mettre un terme à toutes les souffrances subies et endurées.

« Nous ne voulons pas de la défaite ! » s'est écrié le citoyen Mistral, député de l'Isère, en terminant un de ses articles-leader de *l'Humanité* (1). C'est justement parce que je suis de ceux qui ne veulent pas de la défaite pour la France et la République, que je veux la déroute

(1) Paru dans le n° du 1er mai 1918.

de l'autocratie militariste prussienne (1), qui seule peut ouvrir la voie à l'émancipation sociale des travailleurs que j'ai cru bien faire en écrivant cet opuscule. Ma pensée en l'occurrence est d'apporter un peu de réconfort à ceux des nôtres qui là-bas, sont dans la fournaise sur le front, face au danger et à l'ennemi, lesquels peuvent se demander quelquefois si le sacrifice de leur santé et de leur vie qu'ils donnent sans compter ne le sera pas en vain...

Merci au camarade Noël Hardy d'avoir bien voulu me donner son concours pour cette œuvre de propagande que nous jugeons nécessaire, utile et bienfaisante, en rédigeant la belle préface qui suit.

....

Et maintenant, convaincu que mes démonstrations et mes déductions sont les résultats exacts qui découlent de l'application de notre méthode d'analyse spécifiquement scientifique à l'étude des faits et des événements actuels : par la recherche *des causes*, j'en *montre* tous *leurs effets* ainsi que toutes les conséquences

(1) Ce qui ne veut pas dire « par la seule force des armes » mais bien par tous les moyens diplomatiques, économiques ou politiques existants — mais mieux employés — ou à créer comme celui proposé par le sénateur américain Owen je crois, tendant à la constitution immédiate de la Société des Nations par les alliés et nations neutres aspirant comme nous à la disparition du militarisme...

fatales... Je livre mon travail aux méditations comme aux critiques de mes camarades, en leur présentant par avance toutes mes excuses, priant mes lecteurs de passer avec bienveillance sur mes fautes littéraires, de style et de français qu'ils pourraient relever : je leur livre mes idées pour ce qu'elles valent par elles-mêmes, et non pas pour la manière dont elles sont écrites.

Car sur ce dernier point, j'ai droit aux circonstances atténuantes :

Sorti de l'école primaire dans ma douzième année pour travailler, je ne suis rentré dans la vie qu'avec le bien maigre bagage « universi-« taire »! d'un écolier... « à la mauvaise tête » qui n'a « plus voulu retourner à l'école » en protestation d'une punition qu'il considérait comme injuste dans... sa petite jugeotte de révolutionnaire en herbe...

Je dus donc pour entrer à l'usine, me faire délivrer par mon dernier instituteur « le certificat d'instruction élémentaire » exigé par la loi, permettant l'emploi des enfants au-dessous de treize ans...

Ce n'est qu'à 18 ans, après mon adhésion au *Parti Ouvrier Français*, ayant été « recruté » par notre brave propagandiste Pédron, organisateur de la *Fédération de l'Aube*, que je mis à profit — dans la faible mesure des moyens dont dispose un travailleur manuel, ne possédant que ses bras — ce qui m'avait été enseigné à l'école primaire, où « l'on apprend à apprendre » à l'enfance...

Pédron fut donc mon premier et bon professeur de socialisme scientifique... Je créais ma première bibliothèque socialiste que je meublais de livres et brochures de tous nos « maîtres » : Karl Marx, Engels ; Gabriel Deville ; Paul Lafargue, Vaillant, Blanqui, Guesde, Plékhanoff, Rappoport, Jaurès, avec la contre-partie, la critique, les réfutations bourgeoises de Yves Guyot, Paul Leroy-Baulieu, Proud'hon, ou anarchiste des Kropotkine, Jean Grave, etc., etc. Depuis l'*Encyclopédie socialiste* de Compère-Morel est venue compléter ma documentation sur tous nos auteurs anciens et modernes...

Au moment même où les travailleurs, avec toutes les organisations ouvrières, célèbrent le centenaire de Karl Marx, mon travail, si modeste qu'il soit, n'en sera pas moins la justification de la belle riposte de notre vénéré Jules Guesde à M. Deschanel, qui, en sa qualité d'académicien, « osait » faire cette piteuse déclaration :

« *De la lecture du* **Capital** *de Karl Marx, je n'en ai récolté qu'un violent mal de tête!!!* »

Ce à quoi Guesde répondit :

« *Monsieur l'Académicien, ce n'est pas à votre avantage, car je connais de simples bergers sachant à peine lire, qui l'on lu et compris et en propagent la doctrine.* »

On a trop l'habitude dans notre vieille société de rendre hommage aux morts — ce qui permet aux vivants de toujours se dénigrer — pour qu'il soit permis de faire exception à la règle en rendant hommage par la présente à un vivant, symbolisant à mes yeux la logique révolutionnaire en action.

Louis ZÉCROI.

PRÉFACE

Notre camarade Louis Zécroi, le militant de notre Fédération socialiste de l'Aube, me demande de préfacer sa brochure de propagande. Son travail très complet se suffit et n'en avait nul besoin ; ma modeste plume n'y ajoutera rien, mais peut-on ne pas faire une préface à l'œuvre d'un camarade qui vous la demande ?

Louons d'abord Louis Zécroi d'avoir conservé vif, au milieu de la tourmente, le goût de l'action et d'être resté un socialiste observateur scrupuleux des faits, résistant aux entraînements naturels, mais souvent déraisonnables du sentiment. Il a su dégager le sens profond de cette guerre où se heurtent dans un suprême assaut, deux système de gouvernement des hommes : *La Démocratie et l'Autocratie.*

Il a de suite perçu que le prolétariat socialiste livrait sa bataille dans le camp des alliés et qu'une défaite de la démocratie serait un coup mortel porté au socialisme.

Il a mesuré le danger que courent les démocraties à côté d'une Allemagne militariste et féodale, assoiffée de domination et, malgré son horreur de la guerre, il repousse toute paix qui nous laisserait exposés aux risques d'une nouvelle agression.

En ennemi positif de la guerre, qui ne se paye pas de mots, il sait que nous la combattons plus efficacement en la continuant résolument jusqu'au jour où l'Allemagne reconnaîtra aux peuples le droit de disposer d'eux-mêmes et s'inclinera devant les règles de la « Société des Nations », qu'en demandant la paix immédiate qui, en laissant subsister toutes les oppressions de peuples, condamnerait le monde au militarisme aggravé et à des guerres nouvelles.

Un réactionnaire peut, à la rigueur, accepter une paix blanche ; il pourrait redouter pour sa politique les progrès décisifs que la paix Wilson ferait faire à la démocratie et au socialisme dans le monde.

Mais, outre que la paix blanche ne nous est pas offerte et que, pour l'heure, l'alternative demeure pour nous : Ou la lourde paix allemande genre Brest-Litowsk, ou la continuation de la lutte, un socialiste ne pourrait, sans déserter le vrai pacifisme, celui qui voit au-delà de l'heure présente, accepter ni la paix blanche, ni la paix de conquêtes, l'une comme l'autre étant impérialiste et précaire.

Seule la paix si fortement définie par Wilson est conforme et servira les aspirations démocratiques et pacifistes du socialisme.

Mais le socialisme exige que soit traduite en actes la formule gouvernementale : « *Ni une heure de plus, ni une minute de moins* », et que les gouvernants alliés exposent avec une clarté aveuglante les conditions concrètes de la paix démocratique, nette de préoccupations égoïstes et qu'ils mettent solennellement nos ennemis en demeure de l'accepter ou de prendre une fois de plus, devant le monde et leurs peuples, la responsabilité de la continuation du massacre.

Louis Zécroi fait justice de l'opposition que nos adversaires ont essayé d'établir entre notre internationalisme et le patriotisme, entre notre pacifisme et la défense nationale.

Nous sommes internationalistes parce que nous savons que tous les grands progrès sociaux doivent être réalisés internationalement, que l'évolution vers le socialisme doit se poursuivre parallèlement dans toutes les nations et que l'internationalisme en universalisant les revendications prolétariennes, les fait plus fortes et crée entre les travailleurs de tous les pays un sentiment de solidarité qui est un facteur de progrès.

Les patries et les nationalités sont des faits ; leur diversité, leur originalité, sont des facteurs d'émulation et de progrès. Le socialiste est respectueux des nationalités jusqu'à maintenir leur représentation dans ses Congrès internationaux, à des nationalités momentanément éteintes officiellement, comme la Pologne.

Mais notre patriotisme n'a gardé que ce qu'il y a de noble, de sentimental, d'affectif dans le sentiment patriotique. Nous en avons éliminé tout ce qui le fait chez certains tumultueux et agressifs. Notre patriotisme n'a pas de pointe dirigée contre l'étranger, il ne nous rend pas injuste envers les autres patries. Notre ambition pour notre patrie ne revendique pour elle que son droit strict, elle est respectueuse du droit égal des autres patries.

Nous voulons qu'après les droits de l'Homme soient proclamés les droits sacrés des nations. Le patriotisme qui offense le patriotisme voisin n'a pas le sentiment *de patrie*, il n'a que le sentiment de *sa patrie* ; c'est une dangereuse parodie du patriotisme, car, généralisée, elle ferait le malheur de toutes les patries. Ce n'est que dans le respect de tous les patriotismes que chaque patrie trouve les plus grandes assurances d'avenir. La loi morale doit obliger les nations comme les individus ; l'égoïsme, l'abus de la force, odieux chez l'homme, ne peuvent pas honorer une nation.

L'internationalisme n'altère pas le patriotisme, il l'assainit et l'ennoblit.

Notre pacifisme n'est pas davantage en contradiction avec les nécessités de la défense nationale.

Notre action hier était double, mais, à aucun degré, contradictoire.

Nous nous efforcions par tous les moyens de dissiper les malentendus multipliés entre nations par les chauvins et les « requins » chercheurs de profits internationaux de tous les pays. Nous tachions de faire comprendre aux nations, que la guerre ne concilierait leurs intérêts rivaux que dans leur ruine commune, et qu'elle était la plus grande calamité qui pourrait éprouver l'humanité.

Nous opposions la politique de conciliation européenne à la politique égoïste de concurrence violente, qui soumettait l'Europe à des alternatives successives de grave tension et d'apaisement, créant une ambiance de malaise, dont la croyance à la guerre fatale qui caractérisait l'état d'esprit européen en 1914, a été le résultat funeste. Nous demandions aux socialistes de tous les pays de combattre au sein de leur nation par tous les moyens, la propension aux solutions guerrières.

Mais, en même temps que nous faisions cet

effort pacifiste, incertains de son efficacité et soucieux d'être prêts à toutes éventualités, nous ajoutions :

Jaurès, *l'Armée Nouvelle* : « Le premier » problème qui s'impose à un grand parti de » transformation sociale qui est résolu à aboutir, c'est celui-ci : Comment porter au plus » haut pour la France et pour le monde incer- » tain dont elle est enveloppée, les chances de » paix ? Et si malgré son effort et sa volonté de » paix elle est attaquée, comment porter au plus » haut les chances de salut, les moyens de la » victoire ? »

C'est ainsi que tout en poursuivant notre campagne pacifiste contre la guerre, nous étions préoccupés de donner à la France, pour le cas où elle éclaterait malgré tout, une organisation militaire si redoutable qu'elle décourage, par les risques qu'elle lui ferait courir, l'agresseur éventuel, et, si manifestement orientée vers la défense, qu'elle fasse évidente la preuve de notre volonté pacifique.

Faut-il rappeler notre campagne contre la loi de 3 ans intitulée :

« *Pour la défense nationale portée au maximum*, contre la loi de 3 ans. »

Quand l'heure sera venue de reprendre ce thème, la confusion de nos adversaires d'hier sera grande. Je n'en veux dire aujourd'hui qu'une chose, c'est que notre parti peut être fier de la position qu'il a prise en 1913 sur le problème de l'organisation militaire; elle fait honneur à sa clairvoyance.

Louis Zécroi a raison de montrer avec force que cette guerre qui va révolutionner les rapports entre nations par l'organisation, hier chimérique, de la « Société des Nations », n'est pas moins révolutionnaire sur le terrain de la politique intérieure.

Les difficultés inouïes qu'elle engendre et les formidables problèmes financiers et économiques qu'elle pose, appellent des solutions dont la hardiesse eût été qualifiée, hier, révolutionnaire !

La Patrie, en reconnaissance du zèle et de l'esprit de sacrifice apportés par les travailleurs à sa défense, leur devra plus de justice. Après les avoir appelés à jouer un rôle de premier plan dans la guerre, elle ne pourra pas leur refuser de jouer un rôle agrandi dans la paix.

Il faut que la classe ouvrière s'organise et se prépare à ce rôle nouveau, qu'au sein de ses organisations, en même temps qu'elle se préoccupe de revendications matérielles légitimes, elle ait le souci de s'élever à la compréhension des rouages de la production, de rechercher les perfectionnements techniques, les aménagements les plus rationnels du travail, qu'elle soit dominée à tous moments par la préoccupation d'assurer et de développer la prospérité de la production.

Le socialisme ainsi s'imposera fatalement, parce qu'il sera non seulement un système social plus juste, mais aussi une organisation plus rationnelle et plus productive du travail, et ce sera alors, suivant l'heureux mot de Louis Zécroi, « La Revanche du Travail ! »

NOEL HARDY.

Le 30 avril 1918.

LA REVANCHE DU TRAVAIL

« Un parti qui n'aurait pas le courage de » demander à la nation les sacrifices néces- » saires à sa vie, à sa liberté, serait un parti » misérable et bientôt perdu par son indignité » même... »

JEAN JAURÈS.
L'Armée Nouvelle, page 20.

I

La Guerre et le Socialisme

Le socialisme scientifique (1) appliqué à l'étude des événements qui se sont produits depuis le premier jour de la guerre, apporte un réconfort moral considérable, en même temps qu'il contient un enseignement très fertile à plus d'un titre.

En employant cette méthode rigoureusement scientifique, à l'examen des « faits » et des « phénomènes » d'ordre économique, psychologique et politique produits par l'état de guerre ou découlant de la guerre, on obtient le véritable *critérium*, de ce qu'est et doit être l'action du prolétariat.

(1) Le socialisme scientifique est basé sur la *Méthode d'analyse des phénomènes économiques et matériels, déterminant l'évolution psychologique et politique des Sociétés humaines*, dont Karl Marx a été le créateur, est le plus souvent désignée sous le nom de « *Marxisme* ». D'aucuns la dénomment « *La Conception matérialiste de l'Histoire* », d'autres « *Le Déterminisme économique et historique* ».

Tout de suite, il se dégage cette constatation : que la guerre mondiale engendrée par le système capitaliste, mais déchaînée, déclarée et voulue par les Empires d'Autriche et d'Allemagne, par sa profondeur, son étendue, aura de telles conséquences qu'elle constitue, par elle seule, les *prodromes de la Révolution sociale*. Elle aboutira à une telle transformation de l'ordre capitaliste, qu'infailliblement elle amènera l'émancipation économique et sociale de la classe ouvrière.

D'ores et déjà, la porte est entr'ouverte — comme je vais le montrer dans les chapitres suivants, — il reste à l'ouvrir toute grande.

Or, pour ce faire, une condition s'impose, toutefois, indispensable et nécessaire : *c'est qu'aux nouvelles forces économiques entrées en action, viennent s'ajouter les forces morales et vivifiantes du prolétariat.*

Oui, la guerre a avancé « la gestation » du nouvel ordre social que le régime capitaliste porte dans ses flancs... Mais le concours et l'effort des travailleurs conscients du rôle qui leur incombe demeurent indispensables pour aider... à l'accouchement final (1).

Dans les tristes circonstances présentes, malgré

---

(1) « Lors même qu'une société est arrivée à découvrir la piste de *la loi nouvelle qui préside à son mouvement*, elle ne peut ni dépasser d'un saut, ni abolir, par des décrets, les phases de son développement naturel ; *mais elle peut abréger la période de gestation et adoucir les maux de leur enfantement.* » (Karl MARX, *Le Capital*, page 11).

les deuils et les ruines accumulées — et précisément à cause de cela — il ne faut donc penser qu'à l'avenir et ne jamais le sacrifier au présent, si pénible qu'il soit, si nous voulons en éviter le retour (1).

***

Fixons d'abord le point de départ du problème angoissant que nous avons à résoudre :

La guerre, ce n'est pas nous qui l'avons voulue. Tous les socialistes, syndicalistes et révolutionnaires de toutes les écoles, comme de toutes les tendances, l'ont toujours combattue et ont fait tout ce qui était en leur pouvoir pour l'empêcher. Tous, nous subissons donc cette calamité « catastrophique » du milieu capitaliste, et, tout naturellement, nous aspirons à sa fin le plus tôt possible.

Mais la guerre, malgré nos efforts d'acharnés « pacifistes », a éclaté quand même, allumée par les dirigeants criminels des empires centraux. Elle existe, elle se poursuit, inexorable, et ne peut pas s'arrêter dans les conditions présentes. Tant que les forces militaristes des gouvernements de proie de Vienne et de Berlin resteront maîtresses de la situation, notre indépendance nationale reste menacée. A moins d'abdiquer comme a fait la Russie, nous sommes donc contraints de pour-

---

(1) « Jamais un prolétariat qui aura renoncé à défendre, avec l'indépendance nationale, la liberté de son propre développement, n'aura la vigueur d'abattre le capitalisme. » Jean Jaurès, *Armée Nouvelle*, page 362.

suivre la lutte envers et contre tous les ennemis de notre pays.

Est-ce à dire que, pour cela, nous cessons d'être nous-mêmes des socialistes, des républicains, abdiquant nos droits et nos devoirs ? Pas du tout. Nous n'abandonnons rien de ce qui constitue notre patrimoine de libertés communes. Nous le revendiquons, au contraire, avec plus de force que jamais, car nous voulons en profiter, pour l'employer à nos fins révolutionnaires ; cela, dans l'intérêt même de la société tout entière...

Dire que les socialistes n'ont jamais considéré « *la guerre comme moyen révolutionnaire* » ne veut pas dire que jamais « *la guerre ne peut engendrer la Révolution* », les événements de Russie le prouvent mieux que toutes nos démonstrations théoriques.

Quand nous repoussions la guerre comme moyen révolutionnaire, c'était en temps de paix, pour appuyer notre désir de paix. C'était au même temps, à la même époque, encore peu éloignée, où les gouvernants bourgeois eux-mêmes n'envisageaient la guerre qu'avec « les anciennes formes de combat », jugées par eux-mêmes comme suffisantes aux « besoins » du régime capitaliste.

A cette époque, nous, non plus, nous n'envisagions pas la transformation aussi rapide de l'art de la guerre puisqu'au Congrès de Stuttgard, nous ne faisions qu'émettre l'hypothèse un peu vague que voici soulignée :

« Elles (les guerres) sont donc l'essence du capi-
» talisme et ne cesseront que par la suppression du
» système capitaliste, *ou bien quand la grandeur*
» *des sacrifices en hommes et* **en argent exigée**
» **par le développement de la technique**
» **militaire**, et la révolte provoquée par les
» armements auront poussé les peuples **à renon-**
» **cer à ce système.** »

Or, il faut bien convenir que nos prévisions ont été bien surpassées, puisque ce ne sont pas seulement « les peuples » qui se révoltent, mais bien les gouvernements de toutes les nations démocratiques et capitalistes qui se soulèvent contre « ce système » odieux !

Il y a donc quelque chose de changé sous le soleil pour que nous voyions la grande République des Etats-Unis d'Amérique prendre ainsi la tête de la nouvelle « croisade » contre le militarisme prussien d'où découlent tous les autres militarismes ?

Nous sommes donc amenés à dégager « *les causes* » des horreurs présentes pour bien discerner tous leurs *effets* au fur et à mèsure de leur manifestation. Parce qu'à leur tour ces effets engendrent de nouvelles causes qui nous donnent alors *les moyens* propres à employer pour que cette guerre soit, cette fois, la dernière entre les peuples civilisés.

II

La mentalité d'avant-guerre

Jusqu'en 1914, on considérait la guerre comme un « mal nécessaire ! » à la marche, au progrès de l'humanité.

On disait :

« Depuis que le monde existe, la base de la civilisation étant la lutte pour la vie, la concurrence étant le facteur de l'évolution progressive des sociétés, la guerre découle fatalement de ces conditions d'existence; on doit donc la subir stoïquement, tout en recherchant bien entendu les moyens d'en limiter et d'en circonscrire les ravages... »

On ajoutait :

« Nous autres, Français, nous avons des ennemis, il faut donc bien se défendre contre eux, si nous ne voulons pas être assujettis à eux... Or, *la Paix armée* c'est notre meilleure sauvegarde, la garantie la plus certaine de la paix du Monde?...

» Nous avons une armée forte et puissante de 5 à 600.000 hommes à mettre en ligne devant l'armée de nos ennemis d'égale force à la nôtre... Eh bien, — affirmait-on comme conclusion, — nous pouvons être tranquilles,... le sacrifice de l'élite de notre jeunesse française ne le sera pas en vain... (1) »

Voilà, tel était l'état d'âme, la mentalité officielle, qui avait « cours forcé » avant la guerre. Et, dame, il ne faisait pas bon, à ce moment-là, d'essayer de remonter le courant...

On se souvient des attaques dont les socialistes furent l'objet, lorsqu'ils combattirent la loi de 3 ans ! Et quand Jean Jaurès, dans son œuvre sublime et si pleine d'actualité aujourd'hui, *l'Armée Nouvelle*, opposa à cette conception surannée de la paix armée celle de « *la Nation armée* », que n'a-t-on pas dit contre ce grand patriote, dénoncé comme « vendu à l'Allemagne ! » parce qu'il osait exprimer ce que devait être *La Défense nationale* dans une démocratie comme la nôtre ?... (2)

---

(1) « Cette perspective n'a rien qui nous effraie. Que des deux côtés, dès le temps de paix, le quart de l'armée permanente, l'élite du recrutement et les meilleurs officiers se tiennent à la frontière prêts pour un choc éventuel, nous ne voyons rien là que de propice *à notre vieil esprit guerrier*. (C'est moi qui souligne. L. Z.) Cette sorte de combat des Horaces et des Curiaces nous offre bien des chances favorables... Là se bornerait peut-être la guerre ramenée à **ses anciennes formes qui sont les vraies au sens militaire** et dégagées de toutes inventions de nations armées. L'humanité, à coup sûr, n'aurait pas à s'en plaindre ! » (Définition de la guerre moderne par le Capitaine Gilbert, le grand inspirateur de l'Enseignement de notre Ecole supérieure de Guerre. « Nombreux sont dans l'armée, dit Jaurès, ceux qui considèrent l'œuvre du Capitaine Gilbert comme géniale, et qui lui empruntent toute leur philosophie militaire » (*Armée Nouvelle*, pages 59 et 139).

(2) « Il n'y a plus qu'une possibilité de guerre nationale : C'est si un peuple voulant la paix, faisant la preuve qu'il veut

Et, pour donner plus de poids, plus de crédit et plus de puissance à nos « génies » militaires, on affirmait, on répétait, on faisait publier dans toute la presse que « grâce aux armements nouveaux », grâce « aux travaux de nos savants ingénieurs techniciens et chimistes », la guerre serait décisive dès la première grande bataille... Puis, pour et parce que — vous savez bien ? — grâce à l'attaque brusquée et foudroyante de notre vaillante armée... nos ennemis seraient écrasés au premier choc !?...

... Et la guerre n'est pas plutôt déclarée que c'est un résultat tout opposé qui se produit, réduisant à néant toute cette belle philosophie de morale guerrière !...

***

Dans le clan des réacteurs impénitents, des ennemis du régime républicain, la guerre était désirée et fut la bienvenue. C'était là une excellente occasion pour « exterminer... la vermine révolutionnaire » en même temps que l'unique moyen de pouvoir « tordre le cou à la Gueuse », à la République !...

Et, bien entendu, pour ce faire, rien n'est ménagé, vous pensez bien, pour assurer la victoire du « nationalisme intégral » qui aspire à la plus grande France et à la conquête de toute la rive gauche du Rhin !

---

la paix, étrangère à toute pensée d'agression et à toute combinaison de rapine, est assailli par des gouvernements de proie et d'aventure en quête d'un colossal pillage. » Jean Jaurès, *Armée Nouvelle*, page 529.

Par la voix de tous ses « Echos », « L'Action » royaliste et française s'affirmait de telle façon, qu'à seule fin que nul n'en ignore... en Allemagne, tous ces beaux projets étaient répandus par les organes monarchistes qu'on trouvait à profusion dans toutes les villes allemandes (1).

Mais, il y a loin de la coupe aux lèvres... et la guerre n'a pas produit les résultats escomptés dans le groupe de ces bruyants chauvins. Je rappelle plus loin les causes de leur amère... déception.

Dans le prolétariat socialiste, on avait aussi ses illusions.

Longtemps, trop longtemps même, on se laissa trop facilement entraîner par de belles « *formules empiriques* » qu'on considérait, dans certains milieux ouvriers et syndicalistes, comme des panacées universelles : *La Grève générale*, *l'Anti-militarisme*, *l'Anti-patriotisme*, *l'Insurrectionnalisme* en furent les plus beaux échantillons et relatifs à notre sujet. (2)

---

(1) Un de nos amis, délégué au Congrès de Stuttgard, m'a déclaré, à son retour de cette ville, qu'il avait été frappé de la facilité avec laquelle étaient répandus en Allemagne *L'Echo de Paris* et *L'Action Française*, qu'on trouvait dans tous les kiosques et marchands de journaux d'Outre-Rhin. L. Z.

(2) Cela se conçoit. Entre le médecin consciencieux qui vous dira : « Attendez; vous ausculter, c'est bien, mais c'est insuffisant ; il faut que je connaisse vos antécédents physiologiques pour *discerner les causes* de votre maladie ; ensuite, il faut que j'en *suive l'évolution* pour diagnostiquer une bonne médication, puis il faut encore que je *suive les effets* de mes

La campagne d'Hervé fut la plus dangereuse entre toutes, car elle permit la création, au ministère de l'Intérieur, du fameux *Carnet B*. Et c'est avec raison que les vieux militants du P. O. F. la combattirent avec acharnement, en la dénonçant comme insensée ou criminelle. (1)

Quelle que soit la position que l'on ait pris, en regard de tous ces mouvements « à côté », il est un fait acquis aujourd'hui : c'est qu'ils contribuèrent à paralyser l'action de la classe ouvrière en l'entraînant dans la *confusion socialiste* la plus néfaste au parti. Qu'en outre, cela permit à tous nos adversaires de classe en général de consolider leur pouvoir politique, et aux ennemis de la République, du dehors et du dedans, en particulier, de

---

remèdes pour arriver enfin à vous guérir... » et le charlatan qui vous dit nettement, carrément, même sans vous voir ni vous connaître : « Voilà ma formule, ma « spécialité ! » Ça guérit tout !... le mal de tête et les cors aux pieds, etc., etc...! » Le choix est vite fait. Pour toute personne simple et souffrante, ce sera la formule empirique du charlatan qui obtiendra toujours sa faveur... Parce que c'est toujours le mirage du *résultat immédiat* promis qui opère en la circonstance... L. Z.

(1) « Il vient d'arriver une drôle d'aventure à M. Hervé, devenu aujourd'hui un nationaliste chauvin de la plus belle eau... Voilà, qu'à son tour, il est convaincu d'avoir touché des subsides de l'Allemagne, sous le couvert d'un « généreux anonyme », lequel, chaque mois, versait *mille francs* dans la caisse de la *Guerre sociale* pour sa bonne propagande antipatriotique ! Or, ce généreux anonyme vient d'être découvert ; c'est un nommé Hartmann, banquier suisse, actuellement poursuivi pour « intelligence avec l'ennemi » !... N'est-ce pas suggestif et très édifiant ? L. Z.

fonder et d'asseoir leurs plus belles espérances de réactions et de restaurations monarchistes en France.

— Pensez donc, disaient-ils, mais vous voyez bien que les ouvriers « ne marcheront pas ! » — Quelle belle aubaine ! — C'est la certitude de battre la France, pensait Guillaume ! — C'est l'assurance que la défaite amènera la chute de la République ! disaient en *catimini* la bande fleurdelisée des régimes déchus...

Mais la guerre éclate, et... comme autant de feuilles mortes qu'emportent les premières brises d'automne, toutes ces fameuses *formules empiriques* s'envolèrent aux quatre vents des illusions perdues et vaines...

A l'ordre de la mobilisation répondit aussitôt le patriotisme éclairé de tous les travailleurs socialistes, syndicalistes et révolutionnaires de toutes nuances, qui, instinctivement, comprirent tout de suite que leur devoir était avant tout de s'opposer aux entreprises des autocrates de Berlin.

Cependant, que ceux qui armèrent le bras d'un assassin, pour supprimer Jaurès, avec toute leur littérature criminelle, durent avouer avoir « été déçus » par la belle attitude des socialistes qu'on aurait voulu voir « se révolter »... et pour cause ?...

III

La nouvelle technique militaire

Les résultats imprévus de la guerre, nous le devons au progrès continu de la science, à l'évolution naturelle de « la matière » en continuelles transformations entre les mains des hommes, qui, inconsciemment parfois la manipulent, aboutissant souvent à des « effets » opposés à ceux qu'ils recherchent, toujours inconnus, dans tous les cas avant ces transformations. C'est ainsi que se développe l'imagination des chercheurs, des observateurs, ouvrant la voie à de nouvelles inventions, qui à leur tour, ouvrent des « horizons nouveaux », auxquels nul ne pouvait penser avant que les éléments matériels n'en soient découverts et réunis.

Voilà la genèse *matérialiste* de « la nouvelle technique militaire » mise en œuvre au cours de cette lutte gigantesque, laquelle constitue le point de départ, *la cause déterminante* du renversement complet des idées d'avant-guerre.

Suivons-en donc les développements, pour bien fixer, dès maintenant, tous les effets politiques et psychologiques qui en résultent.

***

L'entrée en danse des nouvelles forces chimiques et mécaniques, constituant « les armements nouveaux », a tout d'abord obligé tous les gouvernements à adopter « une nouvelle politique de guerre », qui, elle-même, s'est imposée à l'examen et à l'attention de tous les partis politiques.

Et, ces derniers, qu'ils soient réactionnaires ou révolutionnaires ou conservateurs de l'ordre capitaliste, durent faire « leur examen de conscience », pour chercher dans une « orientation nouvelle » de leur action, les moyens de reviser leurs programmes en tenant compte des événements nouveaux.

Dans le parti socialiste, moins que dans tout autre, nous ne pouvions nous dérober à cette nécessité, soucieux que nous avons d'être et de rester logiques avec nous-mêmes, avec notre doctrine, et désireux que nous sommes de maintenir et de consolider notre influence sur les masses ouvrières.

Bref, du haut en bas de l'échelle politique et sociale, on fut donc obligé de *se soumettre* et de *s'adapter* aux nouvelles conditions de la guerre moderne, auxquelles personne n'avait pensé, même en rêve, et qui allaient bientôt « révolutionner » notre vieille société vermoulue...

Tant que la guerre, même avec de nouveaux armements, permettait de conserver « les anciennes formes de combat » qui, d'après le capitaine Gilbert, « sont les seules vraies au sens militaire », la guerre, dis-je, ne représentait qu'un « incident » naturel du régime établi. Elle ne pouvait que mettre aux prises deux nations ou deux groupes de nations, sans pour cela porter atteinte, ni aux principes, ni au régime, qui sont à la base des sociétés et de la civilisation contemporaines.

Les neutres restaient neutres, parce qu'ils tiraient tout bénéfice du conflit, en fournissant aux belligérants tout ce qu'ils avaient besoin en armes, en munitions et en objets de ravitaillement de toute sorte.

La guerre était donc « une excellente affaire » pour les uns, en même temps qu'un instrument de domination pour les autres.

Or, nous devons bien reconnaître que le caractère de la guerre actuelle a quelque peu changé, et que « ses buts » primitifs ont été un tantinet bouleversés.

D'une part, dès le début, est « apparue » la nécessité de l'*organisation de l'armée du travail*, à l'arrière des lignes combattantes, pour la production intensive des armes et des munitions : ce à quoi on n'avait pas cru devoir penser, puisque « la guerre devait être de courte durée » !...

D'autre part, « la nouvelle technique militaire », enfantée par nos savants et sortie de nos usines de guerre réorganisées, caractérisée par l'emploi des canons à longue portée et à grande puissance, par les avions de reconnaissance et de bombardement, par les obus à gaz, etc, eut comme contre-partie les *fléchettes* si meurtrières, les torpilles aériennes et les sous-marins. Toute cette nouvelle science destructive, mise en œuvre, étendit les champs de bataille à l'intérieur, à l'arrière (1) comme sur le front avec les avions et au monde entier avec les sous-marins.

Le conflit n'allait pas tarder à prendre des proportions considérables, colossales, en atteignant tous les neutres, soulevant la réprobation universelle.

Les États-Unis, le Pape, essayèrent d'intervenir pour arrêter le fléau dévastateur. Ce fut en vain.

Les belligérants, entraînés dans le tourbillon de la tempête guerrière, n'étant plus maitres de leurs mouvements, ne furent plus libres de s'arrêter comme ils l'auraient voulu. Ils furent sourds aux appels qui leur furent adressés.

---

(1) La lutte n'était plus seulement entre les armées en présence, voilà maintenant qu'on s'attaquait au *moral* de l'adversaire qu'il fallait abattre et détruire à coups de bombes et de torpilles tombant à tort ou à travers sur les foules des grandes villes, massacrant les femmes et les enfants par dizaines et par centaines à chaque « raid » !...

On semble s'étonner de cela... mais c'est la conséquence de la nouvelle technique militaire ! C'est la guerre transformée, étendue en proportion de la science !... Et qui précisément engendre la résistance morale, la force morale, l'énergie morale pour vaincre et arriver à rendre inutile cette science monstrueuse... Pour comprendre surtout... qu'il faut d'abord commencer par détruire le régime autocratique, dont la guerre est l'argument suprême... L. Z.

Le Président Wilson tenta alors une suprême démarche auprès des belligérants, leur demandant de préciser « leurs buts de guerre » pour arriver à une « paix de conciliation »... Il voulait éviter l'irréparable extermination humaine qui allait bientôt s'étendre au monde entier... Il prévoyait les conséquences effroyables de l'entrée en grand nombre dans les ondes marines, du minuscule sous-marin, dont le torpillage du *Lusitania* donnait un avant-goût... Il voulait éviter à son pays « les horreurs de la guerre »... Et le résultat, la réponse de Berlin fut « la guerre sous-marine à outrance » !

Wilson se souvint alors de la parole prophétique du Christ, du Jésus de Nazareth :

« Qui se sert de l'épée périra par l'épée »

Il comprit que le canon était le dernier argument des rois : *Ultima ratio regum*... Que la démocratie disputait en Europe la suprématie mondiale à l'autocratie rêvant d'hégémonie universelle, en un duel à mort entre les deux régimes. La démocratie étant le domaine, la royauté des peuples souverains, il n'y avait donc pas d'autres arguments à opposer à la guerre que la guerre elle-même...

Et la Grande République d'outre-Atlantique répondant à la voix de son Président, déclara alors la guerre au militarisme autocratique d'Allemagne.

Autrefois, les neutres étaient plutôt enclins à

exciter les belligérants les uns contre les autres. Aujourd'hui, au contraire, la guerre amenait *la solidarité des Nations* pour rechercher le moyen, non seulement de la faire cesser, mais d'en éviter le retour.

On conviendra bien que ce n'est plus du tout la même chose...

Aussi est-il curieux — et pénible — de voir de bons camarades, perdre littéralement pied, en ce moment, pour nager en pleine démagogie sentimentale, en cherchant, pour expliquer leur attitude équivoque et chancelante, à traduire le marxisme en formules plus arbitraires les unes que les autres. Cet état d'âme déplorable n'est autre que le produit d'imaginations accablées et tourmentées devant le « lourd fardeau » de la guerre... Ce qui s'explique pour les foules « gémissantes et inertes », mais ne s'excuse pas, de la part de socialistes révolutionnaires qui ont la prétention de se réclamer des enseignements de l'histoire, qui nous commandent aujourd'hui, « d'extirper le mal à sa racine », si nous ne voulons pas laisser à nos enfants en héritage, ce qui résulterait de nos faiblesses actuelles,.. (1).

(1) « Un pays qui ne pourrait pas compter, aux jours de crise, où sa vie même serait en jeu, sur le dévouement national de la classe ouvrière, ne serait qu'un misérable haillon ». (Jean JAURÈS, *L'Armée Nouvelle*, page 4).

La leçon de 1870, pour ne rappeler que celle-là, serait-elle donc déjà oubliée ?

Le souvenir de la Commune et de notre grand ami Blanqui seraient-ils donc déjà évanouis ?

Rappelons donc le manifeste des révolutionnaires en 1870 : (1)

De ce document il apparaît que l'erreur de Blanqui fut de « maudire la race germanique » au lieu de ne s'en prendre qu'à ses dirigeants. Sa faute fut de donner sa confiance et d'offrir son concours « sans condition » au gouvernement provisoire des Jules Favre et des Trochu, lequel

---

(1) En présence de l'ennemi, plus de parti ni de nuance.

« Avec un pouvoir qui trahissait la nation (l'empire) le concours était impossible.

« Le gouvernement sorti du grand mouvement du 4 Septembre représente la pensée républicaine et la défense nationale.

« Cela suffit.

« Toute opposition, toute contradiction doit disparaître devant le salut commun.

« Il n'existe plus qu'un ennemi, le Prussien, et son complice, le partisan de la dynastie déchue qui voudrait faire de l'ordre dans Paris avec les baïonnettes prussiennes.

« Maudit soit celui qui, à l'heure suprême où nous touchons, pourrait conserver une préoccupation personnelle, une arrière-pensée, quelle qu'elle fut.

« Les soussignés, mettant de côté toute opinion particulière, viennent offrir au gouvernement provisoire leur concours le plus énergique et le plus absolu, sans aucune réserve ni condition, *si ce n'est qu'il maintiendra quand même la République*, et s'ensevelira avec nous sous les ruines de Paris, plutôt que de signer le déshonneur et le démembrement de la France. »

Balsenq, Blanqui, Casimir Bouis, Breuillé, Brideau, Carla, Eudes, Flotte, E. Gois, Granger, Lacambre, Ed. Levraud, L. Levraud, Pilhes, Régnard, Sourd, Tridon, Henri Verlet, Emile Villeneuve, Henri Villeneuve. (*La Patrie en danger*, BLANQUI, p. XXX-XXXI.)

remercia les révolutionnaires en les faisant massacrer quelques mois après, s'élevant au lieu de « s'ensevelir » sous « les ruines de la Commune de Paris » coupable de n'avoir pas voulu « signer le déshonneur et le démembrement de la France ». Mais ces constatations faites, on ne doit en retenir que l'enseignement moral qui en découle, et non pas, comme on le fait dans certains milieux socialistes, ne retenir de l'histoire que les fautes et les erreurs commises, pour les renouveler en les exagérant encore, en se tenant sur un terrain diamétralement opposé.

La situation du prolétariat en face de la bourgeoisie dirigeante n'est plus la même aujourd'hui qu'il y a 47 ans. Son rôle et sa puissance ont grandi. L'attitude expectante équivaut maintenant à une véritable capitulation...

IV

L'Armée de réserve du Prolétariat

Ainsi donc, la guerre a changé de caractère, ce qui devait fatalement avoir sa répercussion dans les milieux politiques. Les partis en furent momentanément sans doute, quelque peu démontés et désemparés. Pour se recueillir, l'*Union sacrée* s'imposa à tous, ce qui permit à notre pays de s'affranchir de cet optimisme béat du début, lequel fut sur le point d'être fatal à la République.

Un esprit nouveau, conforme aux circonstances nouvelles, allait bientôt s'imposer à tous par le groupement de toutes les forces vitales de la démocratie pour la réorganisation de la Défense nationale sur de nouvelles bases et pour des buts imprévus tout d'abord et non encore affichés officiellement.

***

C'est alors que le concours des socialistes et des syndicalistes fut reconnu utile et nécessaire, comme représentants de la classe ouvrière organisée, dont le loyalisme venait d'être éprouvé et affirmé si dignement, par l'ensemble du Prolétariat.

La belle attitude de ce dernier avait déçu tous

les plans machiavéliques des nationalistes de l'*Action Française* et de l'*Echo de Paris*... L'esprit organisateur des socialistes allait bientôt faire ses preuves également, permettant ainsi à la France de pouvoir résister aux armées des Empires centraux.

Jusque-là, les socialistes avaient été laissés seuls à « cultiver » et à « potasser » les idées d'organisation sociale, dénoncées toujours comme des » chimères » utopiques, irréalisables et déprimantes. Voilà que maintenant on était obligé de faire appel à « la conscience » des militants pour aider le gouvernement dans cette tâche de « réorganisation » nécessaire.

Ah ! que n'avait-on pas dit, avant la guerre, des « travailleurs conscients et organisés » ! Que de railleries et de sarcasmes, ne leur avaient-on pas adressés !

Il avait fallu la guerre pour qu'on reconnaisse enfin la valeur morale du Prolétariat.

C'est ainsi que nous eûmes la satisfaction de voir le général Galliéni, gouverneur militaire de Paris, aller en personne à la *Bourse du Travail*, pour se rencontrer avec les militants de la C. G. T., faire appel aux sentiments patriotiques des travailleurs du *Syndicat des Terrassiers*, pour effectuer les travaux de défense du camp retranché de Paris !

C'était aux syndicalistes, aux révolutionnaires, aux anti-militaristes de la *Confédération Géné-*

rale du Travail qu'on avait recours maintenant pour défendre et sauver la capitale !...

Et tous nos braves camarades, bafoués et traqués la veille encore, répondirent ! « Présent, et accomplirent la tâche que les circonstances tragiques du moment leur dictait !

C'est ainsi qu'eurent lieu successivement, et le sublime « réveil moral » de toutes les énergies vitales qui devait décupler les forces de résistances de la France, et le merveilleux « redressement militaire » que fut la *victoire de la Marne*, repoussant et arrêtant l'invasion de notre beau pays.

Ensuite, Guesde (1), Sembat, puis Albert Thomas, furent appelés successivement à prêter leur concours au gouvernement de la *Défense Nationale*.

Or, quand on se remémore dans quelles conditions, et comment, Albert Thomas résolut le pro-

---

(1) « J'ai accepté, a dit Guesde en 1914, de collaborer au gouvernement de la *Défense Nationale*, c'est parce qu'il faut profiter de l'odieuse agression de l'Empire d'Allemagne pour *déblayer* le terrain de la lutte de classe, car après la guerre, la lutte sera plus violente et plus âpre que jamais... En défendant la France et la République, les prolétaires conquerront du même coup leur droit à l'émancipation économique et sociale ! »

— « Pas de lassitude, a-t-il répété en 1915, luttons jusqu'au bout, *jusqu'à la victoire !* »

« La paix actuellement, a-t-il déclaré en 1916, serait la pire des trêves... »

Ces paroles justes et vraies les trois premières années de la guerre, le sont encore aujourd'hui, hélas ! Il faut avoir le courage de le dire... L. Z.

blème de l'organisation de nos productions de guerre, on doit convenir tout de même que les socialistes sont autre chose que des « songe-creux », comme on se plaisait à les faire passer dans certains milieux bourgeois...

Rappelons donc ce qui se passa à cette époque : La mobilisation ayant appelé tous les hommes sous les armes, quand il fallut rouvrir les usines, pour aller au plus vite, on fit appel, par voie de rapport, dans toutes les formations militaires, aux ouvriers spécialistes dont on avait besoin et, en premier lieu, aux métallurgistes, mécaniciens, tourneurs sur métaux, etc., etc.

Dans la circonstance, c'était le procédé le plus pratique et le plus rapide pour le recrutement des travailleurs reconnus nécessaires et indispensables. Et, certes, sans l'immoralité des bourgeois mobilisés, cela eût marché vite et bien... Oui. Mais on assista à un spectacle peu banal : des métallurgistes, des mécaniciens, il s'en trouva tant et tant, que les vrais spécialistes ne trouvèrent pas de place, tout d'abord, dans les usines réouvertes... Devant les établis, les étaux et les tours vinrent « s'embusquer » tous les braves à trois poils qui, avant la guerre, suivaient le Clairon de Déroulède ! Ce fut un si gros scandale qu'il fallut toute l'énergie des organisations ouvrières (Parti socialiste, C. G. T. et Syndicats des Métaux) pour obtenir le vote de la loi Dalbiez pour le faire cesser... en remettant tout le monde à sa place... ou à peu près.

***

Les incidents auxquels donnèrent lieu l'organisation de l'*Armée du Travail* et sans laquelle celle de nos vaillants poilus ne pouvait rien faire, si bien encadrée qu'elle fût, furent fertiles en enseignements à plus d'un titre : des bourgeois, des millionnaires, des intellectuels, des fils à papa qui, avant la guerre, n'avaient que mépris et dédain pour le monde du travail, dès qu'ils eurent l'uniforme militaire sur le dos, se sentirent, tout d'un coup, pris d'une tendresse toute particulière pour le « turbin » ! Comme un coup de foudre, ils furent pleins d'amour pour « la misérable » condition ouvrière... et, tous, à qui mieux-mieux, comme par enchantement se muèrent en « mécanos » !... Ce fut merveilleux et sublime d'enthousiasme ! Le travail, si méprisé avant la guerre, devenait le *Sauveur* pendant la guerre ! Le travail apparaissait à tous ces gaillards-là comme le *Talisman* bienfaisant et seul capable de les garantir contre les balles et les obus !... La devise ouvrière : « *Vivre en travaillant !* » devenait, pour les bourgeois : « *Travailler pour sauver sa peau !...* » et pour arriver à ce résultat, toutes les fausses déclarations étaient permises à ces messieurs, au nom du fameux système D... !? (1) En désespoir de cause, il y en a même qui devinrent chauffeurs-larbins de leurs anciens employés devenus officiers !

Il a donc fallu la guerre, hélas ! pour que la bourgeoisie enlevât elle-même au *travail* ce qu'il avait d'avilissant à ses yeux, et ceindre son front d'une auréole de gloire divine ! C'est ainsi qu'à « la voix du canon », le travail a été réhabilité et que *le Génie du travail* fut élevé à la hauteur d'un Dieu sauveur tout puissant !...

Quelle belle leçon de psychologie bourgeoise ! (2) : La bourgeoisie détruisant de ses propres mains

---

(1) La bourgeoisie voulant « accaparer » le travail, quand, pour elle, l'heure est venue de se battre pour défendre la patrie, dont elle a déjà « accaparé » tous les bienfaits et tous les « profits... » C'est pousser un peu loin le cynisme !

Elle dénonce son manque absolu de tous scrupules... et démontre qu'elle se f...iche de « ses » grandiloquents principes de saine « morale » comme de sa première culotte !

Quelle piètre figure fait-elle à côté des grands seigneurs du Moyen-âge qui, eux, prenaient les armes pour défendre leurs « serfs !... » Les Seigneurs, on les appelait : « gentilshommes ».

Quand on voit maintenant un bourgeois prendre la place d'un ouvrier à l'atelier, on le traite de « mufle ! »

Les temps sont changés... L. Z.

(2) Tous les intellectuels de la bourgeoisie, économistes, journalistes et publicistes, tous plus savants « érudits » les uns que les autres, niant la valeur de « la conception matérialiste de l'Histoire », ne voudront pas admettre que c'est *uniquement* le progrès « matériel » chimique et mécanique accompli pour et pendant la guerre, qui constitue *la cause déterminante* des « bouleversements » accomplis dans les idées... et le reste. Jamais nos fameux « moralistes », grands apôtres de « l'idéalisme » *français* ne voudront admettre cette vérité scientifique !

Pour ces savantasses dont le capital « entretient » les pirouettes fantaisistes et autres « laskinades », c'est *l'effet moral* des nouvelles forces de production qui, seules, rentrent son prestige de classe dirigeante et élevant du même coup la valeur morale et matérielle du travail et du prolétariat dont *l'organisation constituait une des conditions de la victoire !*

Quelle dégringolade !...

***

Ah ! si les gouvernements, les ministres, en particulier, avaient voulu ?... Si l'esprit de caste, empêchant ou arrêtant les bonnes intentions dès qu'elles apparaissent vouloir « aller trop loin » — prédominant sur le salut de la patrie qu'il sacrifie aux intérêts de la classe capitaliste — si cet esprit de caste ne s'était pas si bien manifesté et imposé par l'exploitation du besoin d'agir en la circonstance avec célérité et vitesse — car les munitions pouvaient manquer. — Oui, si on avait voulu, dis-je, on avait là une excellente occasion de résoudre la question des bénéfices de guerre, au profit du Trésor public ! Oui, on pouvait, à ce moment-là, exploiter la sainte frousse de tous les patrons capitalistes mobilisés, en troquant leur condition d' « indispensables » à l'arrière contre la mise en régie, pour le compte de l'Etat, de toutes leurs machines et de leurs usines !...

C'eût été la réquisition, pure et simple, de toute

---

en compte dans l'évolution des idées, des lois et des institutions...

...Dans ce cas, reconnaissons que nos bons bourgeois ont perdu leur boussole, car ils sont rudement « démoralisés » depuis la guerre... L. Z.

la production nécessaire au ravitaillement civil et militaire, obtenue à bon compte... et facilement. Mais, pour aboutir, il eût fallu derrière nos délégués au ministère (1) une classe ouvrière, un parti socialiste plus uni et partant plus forts, ayant pleine et entière conscience de ses responsabilités, des « réalités » et des « faits », et qui, au lieu de se diviser sur des problèmes, sans autre issue que d'aboutir à l'impuissance du parti socialiste... se fût inspiré de la manière de nos grands conventionnels et avoir, par exemple, à bon escient, l'esprit de décision d'un Danton : « *De l'audace, encore de l'audace, toujours de l'audace !* »

De cette guerre monstrueuse, voici donc un premier résultat acquis par les travailleurs :

Dès le début de cette guerre d'extermination mondiale, on a vu se dresser le travail comme

(1) La vérité brutale est celle-ci : C'est que « *Le capital abhorre l'absence de profit, ou un profit minime*... comme la nature a horreur du vide ». Pour sauver la France, subordonnée à ce moment critique à la reprise rapide autant qu'intensive des moyens de production accaparés par le capitalisme, le temps manquait pour discuter ou lésiner. Albert Thomas alla donc au plus vite, naturellement, en ouvrant les usines fermées et en organisant la production avec les éléments dont il disposait. *Pour le salut du Pays, le socialiste cédait le pas au capitaliste* ne connaissant que le gain : « ... *Que le profit soit convenable et le capital devient courageux : 10 % d'assurés, et on peut l'employer partout; 20 %, il s'échauffe; 50 %, il est d'une témérité folle; à 100 %, il foule aux pieds toutes les lois humaines; 300 %, il n'est pas de crimes qu'il n'ose commettre...* » (F.-J. Dunning, cité par Karl Marx, page 340 du *Capital*, livre 1er).

sauveur de l'humanité, par la formation de l'*Armée de réserve du prolétariat*, s'imposant tout à la fois *comme force de production matérielle, de reproduction humaine et de revendication sociale*, toujours debout et plus puissante que jamais !

La classe ouvrière a donc conquis son droit de cité et tous ses titres de noblesse : Son affranchissement économique et social sortira de la guerre, comme corollaire indispensable de l'indépendance des nations. Comme aux temps anciens de la République de Rome, où l'esclave pouvait s'affranchir par le métier des armes, le prolétariat, quoique diminué en nombre, sortira grandi et triomphant de cette horrible mêlée où se jouent les destinées de la démocratie... Or, ce n'est certainement pas à cela que les bourgeois du « Nationalisme intégral » avaient rêvé lorsqu'ils claironnaient par tous leurs « Echos » leurs chants guerriers au temps de paix ?

Maintenant, voilà le gros sujet des préoccupations actuelles des belles madames de la classe bourgeoise : « Pensez donc, ma chère, comme cela est gros de conséquences pour nous ?... » — « Comment cela va-t-il s'arranger après la guerre ?... » — « Que feront les ouvriers au retour des tranchées ?... » — « Quel grand malheur d'avoir été *obligés* de conserver tous « les meneurs » dans les usines ! » — « Faites, mon

Dieu, que nous soyons préservés « des horreurs » de la Révolution après la guerre !?... » — Et ainsi soit-il... Telles sont, présentement, les jérémiades que ces dames de « la haute » bourgeoisie exhalent, dans leurs salons, entre deux gros soupirs...

Et puis... la guerre étant devenue une guerre de science industrielle et de production intensive... si, par malheur, elle dure encore longtemps, ou si la guerre recommençait plus tard, le problème de la défense nationale devient angoissant !... Car plus la guerre dure, plus il devient une nécessité qu' « *à l'avant soient tous les improductifs, tous les oisifs ! A l'arrière, tous les producteurs, tous les travailleurs !* » — Ah ! mon Dieu, où allons-nous ?... On conçoit bien que cela n'est pas très rassurant pour messieurs les bourgeois... C'est pourquoi ils auraient bien voulu pouvoir s'engager tous dans l'*Armée du travail...* au lieu et place... des ouvriers !

Oui... Mais cela c'est l'apanage, le bien, l'unique « privilège » des travailleurs, des prolétaires, et l'on comprend très bien que ces derniers y tiennent ! *Le travail est leur seule propriété*, et c'est bien le moment ou jamais d'en revendiquer la jouissance et l'usufruit !?...

Quelle belle *revanche du travail !...* sur le régime capitaliste coupable d'aboutir à de pareils conflits et à un semblable désarroi moral ! (1)

(1) « C'est l'activité ouvrière, c'est la combativité ouvrière qui a sauvé l'industrie d'une dégénérescence servile. C'est elle

V

Pourquoi veut-on supprimer le militarisme prussien

Aux conséquences d'ordre économique et moral, toutes en faveur du travail, viennent s'en ajouter d'autres encore au point de vue politique et juridique international par rapport au système capitaliste cosmopolite moderne.

Le système capitaliste n'a pu se développer que dans le régime de la démocratie. Or, le militarisme est une institution d'essence autocratique. Si les bourgeois l'ont admis, sous forme d'amalgame au régime démocratique, c'est par égoïsme de classe, par crainte du prolétariat — engendré par le capi-

qui a sauvé le capitalisme même des déchéances où un absolutisme sans contrepoids l'aurait dégradé. Quel César monstrueux, vicié et bientôt hébété, que le capital moderne s'il n'avait au-dessous de lui qu'une plèbe ! Par bonheur pour lui, comme pour la civilisation, c'était un peuple qui avait une conscience, une idée, une volonté, un héroïsme, une fierté, à la fois séculaire et récente, les forces accumulées et la double noblesse du Christianisme et de la Révolution, un grand esprit de sacrifice soutenu par une grande espérance, la résolution de lutter pour soi et la conscience toujours plus claire qu'en luttant pour soi il luttait pour tous les hommes ». *Armée Nouvelle*, J. JAURÈS, p. 407.

talisme — pour la sauvegarde de ses privilèges « mal acquis ». (1)

Notre bourgeoisie républicaine, imbue de préjugés, malgré ses sentiments voltairiens et antireligieux, remplis d'esprit de routine et manquant de courage, s'effraie à son tour du progrès.

Comme l'Eglise, il y a 300 ans, elle croit pouvoir arrêter le mouvement en le niant. L'Histoire de Galilée ne lui rappelle rien... et la Bastille non plus. Pour notre bourgeoisie, son pouvoir est immuable, sacré, intangible...

« *Honni soit qui mal en pense !* »

Elle ne se souvient plus de sa très, très petite situation sous la Féodalité... La grande Révolution française de 1789 est passée ; elle en veut garder,

---

(1) Le même phénomène s'est déjà produit au XVIe et au XVIIe siècles après la découverte de l'imprimerie, laquelle détermina la production des livres et le mouvement des idées nouvelles par les lettres naissantes. Les évêques et autres grands dignitaires de l'Eglise virent dans cette invention « satanesque » un grand danger pour leurs dogmes. Par contre, les grands seigneurs et le roi l'accueillirent avec faveur.

Pour sauvegarder les *intérêts*, les *privilèges* et la suprématie temporelle et spirituelle des deux pouvoirs existants, *un compromis* eut lieu : Les « lettres » naissantes furent tolérées à la Cour, d'où naquit l'époque de la *Renaissance*, résultat de la jouissance des grands... Cependant, que pour empêcher les « petits » bourgeois, les manants et autres « gueux »... d'en profiter pour s'instruire, l'*Inquisition* devint l'arme de répression par excellence au service de l'Eglise.

Ainsi se note, après la découverte de l'imprimerie et de l'Amérique, le point de départ de l'évolution de la Royauté, tributaire de l'Eglise, vers la Monarchie absolue, laquelle, à son tour, pour consolider son pouvoir, créa, sous Louis XIV, *le Militarisme* comme institution d'Etat. L. Z.

accaparer toute la jouissance et tous les profits pour elle seule...

***

Le rôle du militarisme, pour la bourgeoisie capitaliste, était donc de se confiner à n'être qu'un instrument de coercition et d'expansion coloniale. (1)

Cette vieille institution — héritage des anciens régimes — façonnée à l'usage des détenteurs du pouvoir actuel, a des preuves séculaires et multiples à son actif de son efficacité... Il suffira toujours de l'empêcher de « sortir » du cadre qui lui est dévolu.

La structure du militarisme, la philosophie militaire, seront faites à l'image du capitalisme moderne en tenant compte des exigences démo-

---

(1) La bourgeoisie capitaliste ayant accaparé tous les grands moyens de production est aux prises avec ce dilemme : D'une part, créer des débouchés pour l'écoulement de son trop-plein de marchandise résultant de la surproduction. Produire est bien, mais il faut pouvoir écouler et vendre ses produits, Les millions dépensés en réclames, annonces et publicités de toutes sortes ne suffisent point. De là, la nécessité de « coloniser » pour se créer des débouchés et se procurer à bon compte les matières premières.

D'autre part, le prolétariat producteur des richesses sociales accumulées par son travail, veut pouvoir jouir de ces richesses, et réclame sans cesse de « meilleures conditions de travail » qui lui permettent de pouvoir « consommer » ses propres produits. Le patronat aveugle refusant : d'où conflits continuels.

Le militarisme, dans un cas comme dans l'autre, fut « le suprême argument » ! L. Z.

cratiques. On comprend, dès lors, l'insistance des doctrinaires de l'Ecole de guerre moderne à se réclamer des « anciennes formes de combat » comme thème d'enseignement militaire.

Cela suffisait aux besoins capitalistes. Cela répondait très bien à l'usage que la bourgeoisie au pouvoir pouvait en faire. Le militarisme devant toujours rester subordonné à l'Etat sans l'absorber.

Jusqu'alors, comme l'a si bien fait remarquer Jaurès, « en France, l'armée n'est — et n'a été — qu'un outil dans le conflit des forces sociales », domestiqué par le pouvoir de la bourgeoisie.

Mais, maintenant « les buts » primitivement assignés à l'armée sont de beaucoup dépassés, et le militarisme ne cadre plus du tout ni avec l'intérêt bien compris du capitalisme et encore moins avec la démocratie au milieu de laquelle il constitue un anachronisme monstrueux.

Par l'étendue de ses champs de bataille, la guerre, comme un cyclone, balaie tout sur son passage. Les plans, les formules, les programmes, les idées, tout est bouleversé, emporté. Elle entraîne toutes les nations dans son orbite (1).

(1) Une seule exception cependant apparaît : L'Espagne reste neutre malgré le torpillage d'une centaine de ses navires marchands ! Parce que, malgré cela, la guerre mondiale est pour elle l'unique occasion de se relever économiquement de son ancienne splendeur perdue.

L'Espagne, par suite de son entier asservissement à la sainte

Et le cyclone dévastateur attire dans son tourbillon ceux-là même qui voulaient l'empêcher, et d'autres encore, qui tentèrent de l'arrêter... Ses conséquences désastreuses atteignent toutes les puissances, et par l'étendue de ses ruines accumulées, elle pousse toutes les nations à une concentration générale de leurs moyens de production, car aucune ne veut mourir.

Et la dette financière qui va en résulter, comment la soldera-t-on?

La bourgeoisie se rend bien compte à présent qu'elle ne pourra en sortir que par la monopoli-

---

Eglise catholique, apostolique et romaine, en devenant la terre d'élection de tous les jésuites et de l'Inquisition, est tombée au rang de puissance de troisième ordre.

La guerre européenne, en lui fermant tous ses marchés d'exportation et d'importation, l'a obligée à rechercher le moyen de se « suffire à elle-même ». Ce fut une heureuse circonstance pour tous les hommes éclairés d'Espagne de porter tous leurs efforts à la renaissance industrielle et économique de leur pays : C'était là l'unique moyen d'action de pouvoir se débarrasser de l'influence néfaste des jésuites et de ses « juntes militaristes ».

C'est donc à l'intérêt du développement démocratique, subordonné au développement capitaliste, que se rattache l'attitude présente de la « nouvelle » Espagne qui, pour cette seule raison péremptoire, aspire à « la neutralité » vis-à-vis du conflit mondial.

Mais les libéraux, les républicains, les socialistes d'au-delà les Pyrénées n'en sont pas moins entièrement sympathiques aux alliés de l'Entente démocratique, car, travaillant à la régénération de leur pays, ils aspirent aussi à la Paix Wilson qui, par la *Société des Nations*, garantissant la paix dans le Monde, assurera en même temps à l'Espagne le droit de reprendre sa place dans le concert des grandes puissances. L. Z.

sation des grandes entreprises financières (1). Mais alors, comme le fait remarquer assez judicieusement — au point de vue capitaliste s'entend — M. Louis Latapie, rédacteur de *La République française*, « quand on est pris par la maladie de la monopolisation, l'on ne sait où cela s'arrêtera. Et si l'on doit la subir, pourquoi monopoliser plutôt telle industrie que telle autre ? »

Evidemment, c'est embêtant...

Chaque monopole équivalant à une « restriction », au rétrécissement du champ d'opérations de l'exploitation capitaliste... il en résulte que chacun ne voudrait pas qu'on commençât par son entreprise... « Pourquoi moi plutôt qu'un autre ? » — Oui, pourquoi monopoliser les chemins de fer plutôt que les mines ? — Pourquoi l'alcool plutôt que le café ? — Pourquoi les raffineries de pétrole plutôt que celles du sucre ? — Pourquoi les assurances plutôt que la banque ? — Pourquoi les phosphates plutôt que le sel ? etc., etc.

Que de récriminations, de protestations s'élèveront de tous les bureaux des entreprises financières qui ne voudront pas voir « *canaliser* les sources

(1) Nos parlementaires bourgeois sont en train de vider « les fonds de tiroirs » de toutes les taxes et surtaxes imaginables pour arriver à payer la rente des emprunts. Mais, attendez un peu, quand il faudra rembourser ? Ce sera « le quart d'heure de Rabelais » épineux, où les expédients financiers ne seront pas toujours de saison ! Il faudra bien se décider à autre chose de plus sérieux... Alors, le prolétariat pourra dire à la bourgeoisie comme ce héros de théâtre : « *Si tu ne viens pas à Lagardère, Lagardère ira à toi !* » L. Z.

— multiples autant que variées — de leurs « petits profits » se chiffrant par millions et milliards... au bénéfice de la Nation !

Ah ! oui, que de belles et suggestives discussions s'engageront — elles se produisent déjà — sur ce thème... jusque dans l'enceinte du Parlement.

Des dialogues édifiants, d'où les bourgeois s'évaderont piteusement, s'établiront — il y en a déjà eu — dans le genre de celui-ci entre nos amis socialistes et nos adversaires des partis bourgeois :

Le S. — Mais c'est pour le *Relèvement national* de la France !

Le B. — Evidemment, c'est sérieux... Mais la monopolisation c'est la course vers la... socialisation !

— C'est indéniable. Mais comment faire autrement ?

— En imposant... les autres richesses... Notre pays est riche... Les sources de richesses foisonnent... De grâce ! n'arrêtez pas l'essor de notre industrie qui fait la force de la France à travers le monde en portant atteinte à ce qui fait sa grandeur et sa prospérité !!...

— Quelles sont ces « autres richesses » ? Quel autre système plus simple, plus pratique, et surtout moins « dangereux » opposez-vous à la monopolisation ?

— C'est de frapper, d'imposer la richesse

acquise et la consommation ! car il faut laisser le capital qui « travaille » et « produit » *(sic)* à son œuvre de « production » *(resic)*... il doit être hors d'atteinte si l'on ne veut pas arrêter et paralyser le travail et le commerce dont le capital est le grand moteur !

— Mais, malheureux, vous oubliez que la richesse acquise, l'épargne, ne sont que la représentation des valeurs immobilières et matérielles du commerce et de l'industrie transformées en actions et obligations ! De vos entreprises, en atteignant ces dernières, vous en arrêtez la multiplication, vous poussez davantage à *l'autocratie économique*... et en imposant la consommation, vous frappez les ouvriers sans profit, puisque ces derniers sont, par vous, assimilés aux machines ! Qu'en cette « qualité » marchande, quel que soit le coût des produits nécessaires à leur entretien et à leur existence, à eux et à leurs familles, il faudra toujours le leur assurer par des salaires correspondant au coût de la vie?... (1) De plus,

(1) Le principe admis par l'économie du système capitaliste est, en effet, celui-ci : Le salaire de l'ouvrier, représentatif de la main-d'œuvre, fait partie intégrante des frais généraux de l'entreprise qui occupe du personnel ouvrier. Par conséquent, les salaires, tout en étant le plus réduits possible, doivent correspondre aux besoins de l'ouvrier pour sa vie, son entretien et la reproduction de l'espèce... salariée... Les travailleurs sont donc bien mis au rang des machines, lesquelles, quel que soit le prix du charbon, en ont besoin pour fonctionner. De ce système, il apparait donc bien qu'à la « vie chère » doivent correspondre de « hauts salaires »... Par conséquent, ce ne sont pas les ouvriers qui paieront « la note » après la guerre, de quelque façon qu'on s'arrange : « On ne

vous arrêterez l'essor de la petite propriété commerciale, industrielle et agricole; en paralysant la petite épargne, vous grossirez l'armée prolétarienne, laquelle n'en sera que plus nombreuse pour « enterrer » le capitalisme... que vous voulez sauver...

— Comment cela?

— Mais par le simple jeu, l'exercice « conscient » du suffrage universel !...

— Ah ! c'est « peut-être » vrai !...

— Et, alors?

— Eh bien, alors... que voulez-vous... entre deux maux choisissons le moindre... Après nous, le déluge !... Et puisqu'il le faut... pour notre paix... recourons aux monopoles... mais commençons d'abord par le... voisin ! ?...

Et voilà où en est la moralité des hommes aux prises avec les difficultés résultant du régime de conflits capitalistes...

Voilà l'inexorable destin... en suspens pendant la guerre... jusqu'à la solution du grand problème qu'elle a fait naître et... qu'il faudra bien résoudre quand même.

***

Par la surproduction des effets destructeurs de la technique militaire moderne et le « colossal »

---

peut peigner un gueux qui n'a pas de cheveux »... on ne pourra que tondre davantage ceux à qui il en reste encore un peu, sans pour cela éviter au capitalisme d'être « scalpé » à son tour. L. Z.

bilan financier qui va en résulter, *le militarisme en est arrivé à détruire le système capitaliste qu'il est chargé de défendre, de protéger et d'étendre...*

Cela nous rappelle l'histoire « de Martin, de son ours, de la mouche et d'un pavé »...

Les capitalistes sont donc amenés à « s'exproprier » eux-mêmes pour le profit de l'Etat. Il ne restera donc plus aux travailleurs dépossédés des moyens de production, qu'à s'emparer de l'Etat pour rentrer en possession de « leurs biens », lesquels leur reviendront ainsi sous la forme collective et sociale... »

Le prolétariat, a dit Karl Marx, engendré par le régime d'expropriation capitaliste, sera le propre « fossoyeur » du capitaliste. Reconnaissons dans les événements actuels, une collaboration inattendue... pour hâter les obsèques !

Voilà pourquoi, en fin de compte, la bourgeoisie devient à son tour « pacifiste », selon la bonne manière en désirant, en aspirant, en voulant elle aussi, la suppression du militarisme, qu'elle sait ne pouvoir atteindre que par la défaite de l'autocratie militariste prussienne.

Voilà comment, par la force du progrès et des événements, « l'intérêt » actuel du capitalisme se confond, sur ce point, avec celui du prolétariat dans la formule de paix du Président Wilson (1) !

---

(1) Depuis un siècle « la grande industrie » a pris une extension formidable. Le monde entier s'est couvert d'un

VI

La leçon de trois grands événements

Trois grands « faits » historiques se sont produits au cours de la 3e année de guerre, en 1917.

Ce sont eux qui ont donné à la guerre son caractère mondial et révolutionnaire.

Je veux les rappeler et les analyser succinctement.

Ce sont :

1° *La Révolution Russe* ;

2° *L'entrée en guerre des Etats-Unis d'Amérique;*

3° *L'unité de l'action de classe du prolétariat anglais.*

De la *Révolution Russe* il se dégage un double enseignement pour les bourgeois et pour les tra-

---

réseau interminable de chemins de fer, de fils télégraphiques et téléphoniques. L'unité économique s'est fondée. Toutes les nations forment un seul marché international. Des troubles survenus sur un seul point de ce marché se communiquent partout. Ce que les Alexandre, César ou Napoléon n'ont pas obtenu par les armes : l'*unité universelle du globe habité*, le capitaliste l'a conquis par la force pénétrante de l'industrie ! Et les forces armées qui, se dressant les unes contre les autres, paraissent contredire cette tendance à l'unité, *ne sont qu'une survivance du passé au service des luttes intérieures chez les nations capitalistes.* » (*Encyclopédie socialiste :* « Le socialisme comme mouvement prolétarien ». Livre 1er.)

vailleurs, lequel a déjà servi à nos camarades d'outre-Manche.

Les événements de Russie prouvent d'abord, une fois de plus, que quand un régime suranné ne concorde plus avec les nouvelles lois de l'évolution économique, qu'il peut encore se survivre, tant bien que mal, dans la paix, mais qu'il est incapable de pouvoir résister aux contre-coups pleins de périls et d'imprévus, qu'engendre toujours une guerre.

Le czarisme avait déjà failli s'effondrer à la suite de la guerre Russo-Japonaise, en 1905. Il était parvenu à se maintenir... mais ce n'était que pour mieux sauter.

Que les amateurs d'autocratie — il y en a encore quelques-uns en France — en fassent donc leur deuil...

En attendant, nous pouvons reprocher à nos gouvernants républicains de n'avoir pas su comprendre leur devoir en prêtant, en donnant tout de suite, dès le lendemain de l'abdication de Nicolas II, tout le concours dont ils pouvaient disposer pour aider et soutenir les révolutionnaires de Pétrograd.

Alliés au czarisme, redoutant l'essor du mouvement prolétariat, tous les gouvernements de notre 3e République se sont laissés entraîner par le courant réactionnaire qui les emporte vers l'abîme.

Et par leur aveuglement et leur entêtement,

inspiré par la peur de « favoriser » la propagande socialiste, ils ont laissé aller le mouvement révolutionnaire russe vers l'anarchie, escomptant par avance son étouffement. et sa déroute, pour mieux nous combattre après.

Oui, c'est ainsi que s'explique l'attitude de nos dirigeants vis-à-vis de la Révolution Russe. On a voulu laisser s'établir une confusion qui trouve toute sa signification dans les deux phases des événements de Russie, pour pouvoir mieux condamner le socialisme en France et par surcroît l'Internationale ouvrière ! Bien misérables sont ces calculs, bien triste se montre la psychologie de la bourgeoisie, incapable de pensées clairvoyantes, énergiques et généreuses !...

Ici encore nous retrouvons donc les tares morales de nos bourgeois dirigeants. Je les ai surabondamment signalées dans mes chapitres précédents. Je n'insiste donc pas.

Ils restent en cette circonstance, comme dans d'autres, prisonniers de leur pauvre mentalité rapetissée, étroite, routinière... La démocratie n'en sera libérée que par l'action de classe du prolétariat se développant en conscience, sous l'impulsion des événements.

De la Révolution Russe elle-même, il ressort non moins clairement, à la lueur du socialisme scientifique également, que l'empire des czars n'est pas mûr pour le triomphe du socialisme.

Avec 90 % d'illettrés et un capitalisme réduit et peu développé, nos amis de là-bas ne pouvaient envisager qu'une organisation politique correspondant au degré d'évolution économique et sociale de leur pays.

C'est ce qu'avaient compris les socialistes minimalistes — *Mennenki* — avec Kerenski et Plékhanoff, considérant qu'au minimum d'évolution contemporaine existant en Russie ne pouvait correspondre qu'un minimum de réalisations socialistes.

A cette politique clairvoyante et sensée, s'en opposa une autre, revendiquant au contraire le maximum d'application des principes socialistes, inspiré par Lénine et Trotsky appelés ainsi maximalistes — *Bolchevicki*, en russe.

Kerenski, chef du pouvoir provisoire, au bout de trois mois de révolution, comprenant que la République démocratique et sociale ne pouvait se réaliser en Russie qu'après la défaite du militarisme autocratique allemand, réclamait donc à cors et à cris aux alliés de l'Occident de soutenir la Révolution, en donnant des gages que le peuple russe réclamait pour continuer la lutte, et consistant en la revision des buts de guerre de l'Entente, conformément aux aspirations du prolétariat international.

Pour donner des gages de son loyalisme à la

cause des alliés, convaincu que cette cause s'identifiait de plus en plus à celle de la démocratie, Kerenski ordonna une offensive contre les armées austro-allemandes...

Mais malgré cela... les appels des révolutionnaires russes ne trouvèrent point créance chez nos dirigeants bourgeois. Ceux-ci restèrent sourds pour les raisons exposées ci-devant.

Pendant ce temps, le gouvernement impérialiste de Guillaume favorisait, lui, le mouvement maximaliste, en délivrant des passeports à Lénine et ses amis réfugiés en Suisse, leur permettant de traverser l'Allemagne pour se rendre en Russie plus vite, faire la bonne besogne pour... « la paix immédiate »... ce qui favorisait si bien les plans de Berlin...

Et depuis, on sait ce qu'il advint. Les bolchevicks renversèrent Kerenski... Ils proclamèrent leur « désir » de paix sans « annexion ni indemnité », signèrent l'armistice, démobilisèrent l'armée russe et entrèrent en pourparlers avec les représentants de l'Allemagne impériale... à Brest-Liwstock, en même temps qu'ils tonitruèrent à la face du monde entier qu' « ils allaient déchaîner la révolution (?) en Allemagne et en Autriche pour renverser leurs bandits couronnés, auteurs du carnage des peuples ». Et à cet effet, un appel était adressé également « aux soldats et aux peuples » des empires centraux... lequel naturellement fut arrêté à la frontière.

La réponse ne se fit pas attendre. Ce fut l'investissement de la Russie Occidentale non encore envahie : *la Courlande* avec Riga, *la Livonie*, *l'Estonie*, *l'Ukraine* qui commença.

A Brest-Liwstock, Trotsky se crut « mariole » devant les exigences allemandes — qui paraissaient le surprendre — de proclamer son impuissance par cette formule digne d'un anachorète : « Ni la guerre, ni la paix ! » laquelle fit pâmer d'aise tous les hurluberlus qui rêvent aux étoiles...

— « Ni la guerre, ni la paix »,... rétorqua Hindenburg, le grand généralissime « encloué » de l'autocratie de Berlin... « Je vais te montrer cela »... Et l'envahissement se prolongea d'un cran supplémentaire, puis de deux crans... qui contraignirent bientôt les bolcheviks à capituler, puis à signer la paix.

Et quelle paix ! C'étaient toutes les provinces envahies livrées à l'Allemagne avec l'*Arménie* martyre, remise sous le joug de ses bourreaux de Turquie ! C'était la jeune République naissante, dépecée, divisée et séparée de l'Ukraine et de la Finlande. C'était la capitulation pure et simple devant le militarisme prussien, fortifié, grandi devant l'Allemagne impérialiste (1) : Voilà les

(1)... Il résulte du rapport établi par le commissaire du peuple au Commerce que la Russie a perdu, par suite du traité de Brest-Litovsk :

780.000 kilomètres carrés de territoire ; 56 millions d'habitants, soit 32 p. 100 de toute la population ; 21.530 kilomètres

conséquences des fameuses *formules empiriques*, quand celles-ci sont mises en pratique en période révolutionnaire. En temps de paix, ces formules sont néfastes au recrutement et à l'éducation des travailleurs. En temps de guerre ou de révolution, elles conduisent en grande vitesse les peuples, qui s'en inspirent, au désastre, à l'anéantissement (1).

Voilà l'enseignement qui se dégage de l'arrivée au pouvoir et de l'attitude des bolcheviks russes. Il prouve que dans la situation présente des événements militaires, tant que l'avantage restera au militarisme allemand, il n'y aura pas, il ne peut pas y avoir de paix « sans annexion, ni indemnité » possible, pas plus que de « droit pour les peuples à disposer d'eux-mêmes », ni de démocratie libre » et encore moins de socialisme. Au préalable, il faut que la puissance de l'autocratie

---

de voies ferrées, soit un tiers ; 73 p. 100 de la production totale de fer ; 89 p. 100 de la production de houille ; 268 raffineries de sucre ; 918 fabriques de draps ; 574 brasseries ; 133 fabriques de tabacs ; 1.685 distilleries d'alcool ; 244 fabriques de produits chimiques ; 615 fabriques de papier ; 1.073 usines mécaniques. Tous ces territoires rapportaient 815.237 millions de roubles et comptaient 1.800 caisses d'épargne.

Triste bilan, en vérité.

(1) Que les prolétaires, que le conquérant ne délivre pas du capital, *consentent en outre à devenir des tributaires, c'est une monstruosité*... et quand le prolétariat aura accepté sans résistance que le joug de l'envahisseur vienne s'ajouter sur sa tête au joug du capital, il ne sera même plus tenté de relever le front. » (J. Jaurès, *Armée Nouvelle*, p. 362). Dans la circonstance, les bolcheviks aboutissent à ce piètre résultat pour avoir voulu « mettre la charrue devant les bœufs ».

militaire et impérialiste prussienne soit abattue et détruite.

Si la bourgeoisie nous a donné le triste spectacle de son désarroi moral... il serait bon cependant que le prolétariat sache au moins en tirer profit, en montrant par avance assez de clairvoyance pour sa propre gouverne...

***

L'entrée en guerre des Etats-Unis et les « buts » de guerre si hautement affirmés par le Président Wilson, sont une démonstration vivante, d'une grande valeur politique et morale, à l'appui de la thèse que je développe et veux défendre ici.

Il n'a pas échappé aux capitalistes américains que la guerre européenne avec ses formes de développement entrées en action, entraînait le vieux monde à la faillite irrémédiable dont la répercussion ne manquerait pas de s'étendre à l'Amérique elle-même.

Ils ont nettement perçu que la guerre consommait la ruine du système capitaliste, si toutes les puissances démocratiques ne se décidaient pas à employer *les moyens du militarisme* pour tuer la guerre irrémédiablement.

Et alors, M. Wilson, en homme d'Etat supérieur, soucieux de l'intérêt supérieur de la civilisation capitaliste elle-même, a compris que la grande nation qu'il présidait avec tant d'autorité, devait, se devait à elle-même, à son passé, à ses traditions d'indépendance d'entrer dans l'arène du grand conflit européen, pour lui donner et faire bien apparaître au monde entier le caractère nouveau, révolutionnaire, qu'il considérait comme un devoir et une nécessité de lui donner.

Wilson considéra que la cause du capitalisme était inséparable de la démocratie dont il est né, et que sous peine de devenir le plus monstrueux régime de théocratie que la terre ait jamais porté, il fallait sans hésitation porter le fer rouge dans la plaie sanguinolente de l'humanité.

Et son cri de guerre fut :

« *Sus à l'autocratie militariste prussienne !* »

En même temps qu'il précisait clairement son programme de paix, de la paix mondiale de demain...

***

...Le temps n'est plus où l'on doit laisser des gouvernements autocrates comprimer les peuples dont ils prétendent diriger les destins au gré de leur fantaisie, de leurs intérêts dynastiques ou de leurs ambitions. Il ne faut plus que les peuples puissent continuer à être l'objet de tractations monstrueuses indignes de notre civilisation, et que des peuples entiers puissent être livrés comme un vil troupeau.

Il faut que les guerres disparaissent de notre planète ! Et pour ce noble but, le plus haut que puisse atteindre l'humanité, il faut que les nations civilisées ayant enfin conscience de leur grande mission civilisatrice, forment entre elles, constituent entre toutes la *Société des Nations*, la ligue des peuples pour réduire à l'impuissance toutes les autocraties, pour prémunir tous les hommes contre le retour de nouvelles guerres. Au reste, l'unité capitaliste est réalisé dans le monde. Tous les peuples inférieurs de l'Afrique, de l'Asie, de l'Amérique et d'Europe même, sont sous la tutelle civilisatrice des grandes nations ; il n'en reste plus « de par le monde » à prendre ; tous les demi-civilisés ou demi-sauvages de la terre sont colonisés ou sous la domination des puissances capitalistes. Or, il suffit d'établir un statut de reconnaissance solennelle des nations dès maintenant indépendantes et établir entre toutes des règles juridiques, reposant sur le droit reconnu, pour que la justice seule serve de règlement des conflits, présents et à venir, pouvant s'élever entre nations, comme aujourd'hui, au sein même des nations, c'est la justice seule qui résoud les conflits d'intérêts entre individus.

Ainsi sera substitué *la force du droit au droit de la force.*

Le mérite des Américains, du Président Wilson en particulier, est d'avoir eu le courage de faire de « la Société des Nations » et de « la Liberté des Peuples à disposer d'eux-mêmes », le plan d'action, le *modus vivendi* de la prochaine paix. L'Amérique apporte ainsi aux peuples de l'Europe, pour leur lutte étendue et commune aux deux continents, une impulsion nouvelle, une force de résistance décuplée, avec la certitude de vaincre.

La guerre en devenant mondiale trouve donc sa signification, en mettant face à face l'*autocratie impérialiste et militariste prussienne, et la démocratie sociale et internationale !* (1).

Voilà la traduction littérale de la formule Wilsonnienne de la paix, l'unique façon de concevoir *la paix juste, durable et définitive.*

***

Il est évident qu'une telle fin de la guerre ayant pour but ou conséquence l'institution de la *Société des Nations*, a soulevé bien du scepticisme parmi

---

(1) Extrait du message présidentiel de M. Wilson :

L'effort américain

« Je ne serais pas le loyal porte-parole du peuple des Etats-Unis, si je ne disais pas encore une fois que ce n'est pas à la légère que nous sommes entrés dans cette guerre et *que nous ne pourrons jamais nous détourner d'une route que nous avons choisie par principe.*

« Nos ressources sont maintenant en partie mobilisées et nous ne nous arrêterons pas tant qu'elles ne l'auront pas été dans leur intégralité. Nos armées gagnent rapidement le front de combat, et elles le gagneront de plus en plus rapidement. *Toute notre force sera engagée dans cette guerre d'émancipation, dans cette guerre qui doit nous délivrer de la menace et des tentatives d'hégémonie de groupes égoïstes de gouvernants autocratiques, quelles que soient les difficultés et les retards partiels du temps présent* ».

les gens inféodés à la sacro-sainte routine, aux traditions, aux préjugés et... à la démagogie qui foisonnent dans tous les partis de droite et de gauche. Mais *les causes déterminantes* de cette idée, non seulement elles existent, mais elles se développent avec la guerre. Elles s'imposent chaque jour davantage et deviennent de plus en plus une nécessité politique, économique, morale et matérielle et je pourrais dire... d'ordre capitaliste...

Aussi, malgré les ruades des uns et « *la liberté d'indifférence* » des autres, le problème qui se posait pour « l'âne de Buridan » est là, impitoyable devant tous... Et il faudra bien prendre une résolution... Aussi bien ceux qui veulent poursuivre la guerre sans vouloir reviser ou préciser leurs buts, que ceux qui aspirent et appellent de tous leurs vœux « la paix juste et durable »... sans vouloir cependant en accepter franchement tous les moyens...

Ce qui fait la grandeur et la beauté du geste du Président Wilson en ces circonstances tragiques, c'est que comme représentant du pays des dollars et des grands trusts capitalistes, il n'a pas craint de formuler la plus grande pensée de l'idéal de paix qui a été exprimée avant lui par notre grand Jaurès, et avec ce dernier par tout le socialisme international.

Rompant nettement, courageusement avec la méthaphysique et le jargon des casuistes, il a proclamé franchement ce qui lui apparaissait être la vérité vraie, nécessaire, sans subterfuge d'aucune sorte.

Cet acte de courage n'en est que plus beau et plus noble.

Il est évident qu'il a heurté et bousculé, lui aussi, un tantinet, toutes les vieilles traditions et les préjugés établis.

Sa formule de guerre contre le militarisme prussien n'est pas sans déplaire aux castes militaires des autres pays, qui en prévoient les conséquences. C'est tout un monde qui s'écroule ! qui voit ses ambitions disparaître, ses situations perdues, et qui ne s'embarrassant point de scrupules, serait plutôt disposé à tourner un regard implorant et pitoyable vers l'autocratie impérialiste dont il est l'essence et qu'on lui commande de combattre...

....

— Et comme dans une vision sinistre qui passe rapidement... il nous semble apercevoir là-bas sur le terrain des batailles, de l'autre côté des tranchées ennemies, sortir dans l'ombre de la nuit la figure grimaçante et monstrueuse du Lynx coiffé d'un caste à pointe, qui fugitif et rampant, s'avance entre les lignes, et à mi-voix, bien bas, pour que nulle autre oreille indiscrète que celles à qui il veut s'adresser ne l'entende, il prononce les paroles prophétiques suivantes : « *Si je meurs, frère, il faudra mourir aussi* ». (1)

Puis comme une sentence, la voix du canon retentit soudain, sonnant le glas du militarisme prussien contre lequel la guerre se poursuit...

... Ah ! que de choses s'expliqueront après la guerre, dont nous ne pouvons rien dire aujourd'hui !...

L'action de classe du prolétariat anglais est le plus bel exemple de clairvoyance ouvrière et socialiste qui se soit produit au cours de cette boucherie internationale.

Karl Marx, en conclusion à son œuvre maîtresse *Le Capital*, dans laquelle il démontre avec tant de clarté que le socialisme est l'aboutissant logique et fatal du capitalisme ; en d'autres termes, que c'est le régime du capitalisme qui engendre le socialisme, lequel doit fatalement se substituer au système capitaliste dans l'ordre économique, politique et social qui régit le monde civilisé actuellement ; Karl Marx, dis-je, a estimé, à l'époque où il terminait son œuvre, qu'en se basant sur le développement du système de concentration capitaliste existant dans tous les pays

(1) Puis comme le serpent qui meurt après l'accouchement de ses petits, le militarisme mourra des crimes qu'il a enfantés dans cette guerre... Et ne voulant pas disparaître seul, il entraînera tôt ou tard dans la tombe le dernier régime d'exploitation et de servitude qui l'a conçu et entretenu jusqu'alors. — L. Z.

d'Europe, on pouvait prévoir que c'est en Angleterre — où le régime capitaliste est le plus développé — que se produiraient les prodromes de la Révolution sociale en voie de gestation dans le vieux monde (1).

Or, au cours de cette guerre affreuse, ce qui se passe en Angleterre, vient corroborer les prévi-

---

(1) Karl Marx, en observateur sévère des « faits économiques », ne s'embarrassant point d'idées préconçues, quand il formulait ainsi ses conclusions sur les conséquences du développement capitaliste en Angleterre, ne s'est pas inquiété de savoir si les ouvriers anglais avaient ou non, « une tradition révolutionnaire » s'ils étaient plutôt inspirés par Robert Owen plutôt que par Babœuf et son action révolutionnaire. Il a seulement constaté un « fait », un point d'histoire économique et en a indiqué « la fin », l'aboutissant logique par déduction scientifique.

Il fait une autre figure à coté de certains de ses « élèves » qui, aujourd'hui, opposent « les traditions révolutionnaires du prolétariat français » au « radicalisme » des travailleurs américains, lesquels, malgré cela, dépassent déjà de beaucoup les ouvriers français dans le cycle de son évolution... vers son émancipation.

Pour les capitalistes, il n'y a qu'une politique de vraie : celle des résultats.

Les travailleurs n'ont pas à être plus « royalistes que le roi ». Tout ce qui pour *l'ensemble de la classe ouvrière* s'entend, se solde ou doit se solder par un avantage, un profit, une amélioration palpable et réelle, est autant de pris sur l'ennemi, attendu que quand le prolétariat *dans sa masse* obtient ainsi satisfaction, c'est que la bourgeoisie n'est plus dans les mêmes conditions qu'auparavant et qu'elle ne peut plus refuser. Or, en comparant la situation économique, matérielle, morale, du prolétariat américain à celle des ouvriers français... le fait de venir parler « du radicalisme du père Gompers », le Président de l'*American Federation of labour* montre la pauvreté d'argumentation et d'observation de *faits* tangibles auxquels on n'a que du « verbalisme » à opposer pour cacher le vide de sa propre action. — L. Z.

sions de Karl Marx, avec la même clarté, qu'en Russie ; l'étude du Marxisme prouve que l'action des bolcheviks s'oppose à la doctrine du socialisme scientifique, parce que, dans un pays « si économiquement arriéré », on ne peut faire du socialisme qu'à coup de knout comme le font les maximalistes — prouvant ainsi que les extrêmes se ressemblent dans leurs moyens d'action.

Rappelons rapidement l'évolution du mouvement ouvrier anglais, pour mieux faire ressortir la valeur révolutionnaire de sa dernière manifestation.

C'est en Angleterre qu'a pris naissance le régime capitaliste dans ses formes d'actionnariat, aboutissant aux monopoles, préparant à leur tour la socialisation.

Aux dures conditions d'exploitation imposées aux salariés répond donc un mouvement purement économique de revendications ouvrières qui se manifeste par la fondation des premières coopératives et les premières *Trades-Unions*. Longtemps, ces organisations enfantée par la prolétarisation des producteurs sont considérées par ces derniers comme les seuls moyens de défense et de revendication à employer. Ils répudient l'action politique... Mais le mouvement s'étend ; les *Trades-Unions* se développent, leur puissance s'accroît et bientôt l'*action politique de classe* apparaît aux travailleurs anglais comme le complément indispensable et nécessaire de leur action économique. D'un seul coup, plus de 50, puis aux élections suivantes, plus de 100 travaillistes et socialistes sont envoyés à la Chambre des Communes. Tout d'abord, la majorité des élus ouvriers anglais se défend d'être des socialistes, ils ne veulent pas « être des politiciens » — ils sont des « Travaillistes » sans plus, c'est-à-dire les représentants des ouvriers au Parlement.

***

La guerre éclate. A ce moment, la lutte des idées se poursuit entre les deux courants socialiste et travailliste qui divisent le prolétariat anglais. Immédiatement, changement à vue. La guerre, en s'imposant à l'Angleterre, vient bouleverser la vie du temps de paix en apportant d'autres sujets de préoccupation à l'esprit public, à l'opinion publique bouleversée. La plateforme des discussions est changée dans le sein des partis. Bref, le même bouleversement, que la guerre et la mobilisation ont apporté dans l'ordre économique et social, se retrouve également dans l'ordre politique. Tout d'abord, les idées chavirent ; beaucoup de camarades perdent pied :

La lutte de classe, *l'Union Sacrée*, *la Défense nationale*, *la peur du militarisme*, en même temps que les horreurs de la guerre déchaînée par le militarisme dans sa forme autocratique la plus hideuse, tout cela danse une sarabande désordonnée dans les cerveaux surpris par cette calamité nouvelle à laquelle personne ne voulait croire.

Mais la guerre existe. C'est un fait. Les jérémiades n'y peuvent rien. Il faut bien prendre parti.

Avant d'arriver à l'unité de vue pour l'unité d'action ; pour sortir du chaos que nous venons d'indiquer, les idées se heurtent et s'opposent pour arriver enfin à se porter sur deux courants opposés. D'un côté se groupent tous ceux qui acceptaient et reconnaissaient la nécessité de défendre la Belgique violée et la France envahie, pour éviter le même sort à l'Angleterre elle-même ; de l'autre se réunirent les adversaires de la guerre, de la conscription et de toute espèce de militarisme. La lutte entre ces deux tendances fut d'abord très vive, parfois très âpre. Mais cela n'empêche pas la guerre, hélas ! Elle se poursuit inexorable. Les événements se précipitent. La Révolution russe tombe dans l'anarchie, la capitulation s'en suit, la Roumanie est vaincue forcément... Alors, à la lueur de ces tristes événements, la menace du militarisme abhorré des Anglais apparaît plus grande et plus nettement que jamais. Et, d'un seul coup, le prolétariat d'Outre-Manche prit nettement conscience de sa responsabilité et de sa force et réalisa aussitôt son unité morale et d'action.

Cela eut pour résultat immédiat d'aboutir à une

telle puissance que « *M. Lloyd George (comme désormais d'ailleurs tous les ministres) s'est cru obligé d'aller consulter les militants du Parti ouvrier anglais et de signer avec eux le pacte du 28 décembre 1917* » par lequel toutes les mesures exigées pour la poursuite de la guerre (mobilisations de nouvelles classes, impôts nouveaux, etc.), ne pourront être prises « *qu'après une entente formellement conclue avec les représentants qualifiés des organisations ouvrières.* » (1)

Qu'en outre, la formation d'un ministère national a été envisagée où les travaillistes et les socialistes seraient largement représentés pour qu'au futur Congrès de la Paix, le prolétariat, par la voix de ses délégués, puisse soutenir ses vues et ses intérêts, conformément aux résolutions de ses Congrès.

Notre camarade Cachin a donc raison, mille fois, quand il cite *en exemple* le prolétariat anglais, parce que, comme il le dit :

« Ils ont su grouper, animer, discipliner, rendre cohérente et clairvoyante une armée énorme de travailleurs. Par eux, la classe ouvrière a atteint un stade nouveau. Elle aspire à participer à la direction des affaires du pays ; elle veut avoir sa place dans l'administration des choses de la nation.

(1) De l'article « *Un exemple* » du citoyen Marcel Cachin, député de Paris. *Humanite*, n° du 28 février 1918.

Après la guerre, personne ne sera en mesure de le lui refuser.

» Dès maintenant, elle revendique le droit de parler à côté des diplomates et des Gouvernements, de traiter les hauts problèmes de la paix de demain ; et elle se présente avec une autorité morale si irrésistible que dès maintenant, on peut le dire, sur ce point elle a cause gagnée. »

Et cela, parce que, dit-il encore, de l'autre côté de la Manche :

« Finie, l'ère des querelles, des sectes, des personnalités, des controverses subalternes ! Tous unis, ceux des syndicats, ceux des fractions socialistes hier encore rivales, ceux des groupes corporatifs naguère divisés, en attendant ceux des coopératives... »

... Et, j'ajoute : que c'est ainsi que les socialistes et travaillistes anglais ont été d'accord, pour adopter le seul moyen propre *à éviter que la guerre ne se termine, en laissant subsister les causes qui donneraient prétexte au maintien de l'armée permanente*, qu'il n'ont accepté que pour la durée de la guerre, seulement, en décidant de coopérer à la poursuite de la guerre jusqu'à l'obtention de la Paix du Droit par la *Société des Nations*.

De cet exposé de l'*action de classe* de nos camarades anglais, il ressort nettement qu'*actuellement*, pour rester dans la logique marxiste, c'est en Angleterre et non en Russie que nous devons aller chercher nos inspirations sur ce que nous avons à faire en France, en tant que socialistes conscients de la mission historique que nous avons à accomplir.

Parce que l'action de classe du prolétariat anglais, arrivé à sa maturité, à son entière conscience, prêt à assumer toutes les responsabilités que lui confère sa haute mission émancipatrice, est capable désormais d'imposer sa volonté pour la libre évolution de la démocratie sociale.

VII

Le devoir socialiste pour l'obtention de la paix durable et définitive

Des chapitres précédents il résulte donc que la guerre que tous les pangermanistes, impérialistes, et autres nationalistes de tous les pays envisageaient d'un cœur léger, comme des épreuves nécessaires et « bienfaisantes » à l'humanité, est devenue, grâce « à la technique moderne » des armements nouveaux, entre les mains des nations armées belligérantes « la guerre à la guerre », pour la libération des peuples opprimés par le militarisme qui doit disparaître.

Plus la guerre mondiale se poursuit, plus elle revêt ce caractère révolutionnaire par ses conséquences aussi colossales qu'imprévues.

L'autocratie tzariste de Russie en est morte !

L'autocratie prussienne y laissera ses plumes pour faire place au « droit des peuples de disposer librement d'eux-mêmes ! ». Il n'est pas jusqu'aux formes autocratiques du régime capitaliste qui ne s'en trouvent atteintes, par la reconnaissance

« officielle » des droits du prolétariat à son émancipation économique qui devra sortir comme la conséquence inéluctable du formidable bilan financier que la guerre va laisser derrière elle.

Pris individuellement, tout le monde aspire à la paix, il n'est personne qui ne la réclame ; mais cette guerre, qui est unique dans l'Histoire par son étendue et ses conséquences, doit aboutir à un traité de paix qui n'aura rien de commun avec tous ceux qui l'ont précédé dans le passé.

Et pour arriver à cette *paix durable et définitive*, il ne suffit pas d'en parler et de la réclamer. Il faut vouloir l'établir. *Il faut franchement en accepter tous les moyens.*

Pour l'obtenir, trois conditions fondamentales sont indispensables :

1° *Etablissement du régime démocratique dans tous les pays civilisés ;*

2° *Liberté pour tous les peuples, petits et grands, de disposer d'eux-mêmes au point de vue national ;*

3° *Institution de la Société des Nations dans sa double forme législative et juridique, pour les décisions à prendre et les sanctions à imposer aux peuples récalcitrants ou à leurs représentants qualifiés ou arbitraires.*

Pour pouvoir imposer ces conditions, il faut au préalable, *que le prolétariat international comme celui d'Angleterre, comme celui des Etats-Unis d'Amérique*, **ait voix au chapitre dans**

tous les conseils des gouvernements des pays alliés (1).

***

Sur ce point, je dois noter aussi la différence d'action — et de résultats — de la classe ouvrière américaine, avec la nôtre. Certes, aux Etats-Unis, le mouvement ouvrier est encore dans sa majorité plutôt travailliste comme l'étaient nos camarades d'Angleterre. Les socialistes en Amérique ne forment que la minorité. Et les deux mouvements sont nettement divisés et hostiles l'un à l'autre. Cela n'empêche que les travaillistes groupés au nombre de 2 millions 500 mille dans l'*American Federation of labour* (Confédération du Travail américaine) ont acquis une grande influence sur leur gouvernement et qu'ils conçoivent très bien la nécessité *internationale* de la guerre pour « la défense internationale » de la démocratie mondiale contre l'autocratie militariste prussienne, ce qui les amènera fatalement à la conception des buts socialistes de l'*Internationale ouvrière.*

La preuve nous en a été apportée par la mission envoyée en Europe par l'*American Federation of labour*, pour étudier sur place l'*importance* et l'*influence* du mouvement et de l'action du prolétariat organisé des pays alliés.

---

(1) « Prendre vraiment conscience de sa force, c'est l'accroître, et je me risque à dire qu'il ne manque aujourd'hui à la classe ouvrière pour être une grande force dans l'Etat, que de savoir tout ce qu'elle peut, par l'action méthodique, dans la démocratie. » (Jean JAURÈS, *Armée Nouvelle*, page 436).

A la réunion organisée en l'honneur des délégués ouvriers américains, par la C. G. T. et le Parti socialiste, laquelle a eu lieu le 6 mai 1918 à la Maison des Fédérations de Paris, le citoyen Fred, secrétaire de la mission, a déclaré :

Nous avons, a-t-il dit, toujours été opposés au militarisme et à la conscription comme vous le savez. Quand le gouvernement a fait sa loi de recrutement, on savait que les patrons en prendraient peut-être avantage. Quelques-uns avaient dit : Ce sera une bonne occasion, on prendra les plus actifs des ouvriers au point de vue syndical pour les incorporer aussitôt. Des calculs de ce genre, ajouta Frey, sont de tous les patronats et de tous les pays.

Nous avons vu le président Wilson. Nous avons dit que nous voulions dans les bureaux de recrutement des représentants syndicaux choisis par nous, ainsi que dans les cours d'appel constituées pour la révision des recrues. Et il en fut ainsi. Nos membres ont ainsi aperçu que leurs intérêts seraient défendus par un des leurs. *Dix millions de jeunes gens se sont enrôlés.*

Beaucoup de questions de salaires et de conditions de travail, a-t-il encore dit, se sont posées dans nos usines pour la guerre. Notre président de la République, et M. Baker, le secrétaire pour la guerre, et M. Daniels, secrétaire pour la marine, ont rencontré nos secrétaires. Ils leur ont dit : Nous voulons toujours vous consulter sur toutes ces questions quand elles se poseront. Ainsi, nous aurons abouti à des arrangements satisfaisants pour tous. Autrefois, il y avait des grèves fréquentes. Maintenant aucune.

Au dernier Congrès, le président Wilson, pour la première fois, s'est rendu près des organisations syndicales réunies. Il a pris soin qu'on sache qu'il était venu nous voir exclusivement. En traversant la ville où se tenait le Congrès, il n'a rencontré personne autre que nos membres. Il venait nous remercier simplement de l'assistance donnée à son gouvernement.

D'autre part, le citoyen Chester M. Wright, de l'Union internationale des typographes, a fait cette déclaration :

« Les trade-unions américaines, comprenant qu'avec la victoire de l'Allemagne il ne peut y avoir aucune démocratie véritable dans le monde et que, sans démocratie, il n'y a aucun avenir pour les organisations ouvrières, n'ont dans cette guerre qu'un but et ce but est la victoire de l'Amérique et de ses Alliés. C'est pour cette raison qu'elles s'opposent d'une façon irrémédiable à toute conversation avec les Allemands. « *No Kienthal* » (pas de Kienthal), tel est le mot d'ordre de tous les travailleurs américains. »

Parlant ensuite de l'activité du prolétariat américain :

« Les travailleurs américains sont animés d'un complet esprit de solidarité pour les peuples de l'Entente. Nous construisons maintenant un bateau en vingt-six jours, et dans les grands chantiers, cinquante bateaux sont construits à la fois. Et toute cette besogne ardue s'exécute sans peines, sans récriminations, à ce point que, dans ce pays classique des grèves, il n'y en a eu aucune depuis le début de la guerre. En outre, dans tous les chantiers, dans toutes les usines, dans toutes les fabriques, se manifeste une absolue confiance en la victoire. »

Voilà ce qui est significatif.

Et quand on essaie d'opposer « les traditions révolutionnaires » du prolétariat du vieux continent, à « l'état d'esprit » particulier des travaillistes américains « encore inféodés à la politique du radicalisme bourgeois », n'est-ce pas piteux ?

Car enfin, puisqu'on cherche tant à faire état de nos « traditions révolutionnaires » pour essayer de prouver qu'on a raison quand l'on a tort, rappelons donc qu'au contraire, toute l'histoire des révolutionnaires depuis 1789 proteste contre le néo-socialisme d'aujourd'hui : *Blanqui*, *Garibaldi*, *Amilcare Cipriani*, *Vaillant*, voilà « les traditions révolutionnaires » personnifiées ! Ces hommes représentent l'idéal de l'*indépendance nationale* en action qui commande : Que tout doit être subordonné au salut du pays !

« L'état d'esprit » des travailleurs d'Amérique

est donc en tout point conforme à « nos » traditions. Ils peuvent s'en réclamer comme « référence sérieuse ». Ce que ne peuvent pas faire logiquement nos néo-socialistes qui, eux, ne sont pas et ne veulent pas être des « patrouillotes » *(sic)* ! (1)

(1) La contradiction est ici flagrante :

Pour la défense du pays, de la patrie, de l'indépendance nationale — première entité révolutionnaire de la liberté d'un peuple — il est reconnu par tous les socialistes et révolutionnaires de toutes les écoles et « tendances » que l'on doit tout y sacrifier : sa liberté, son bien-être, sa santé, sa vie. C'est l'*Idéal* du combattant. On le rappelle toujours au socialiste, au prolétaire qui est à l'avant, auquel on répète sans cesse « que tout doit être subordonné au salut du pays,.. ».

Maintenant l'organisation des forces de résistance, et la production des moyens de défense, incombant à ceux de l'arrière, nos néo-socialistes, disent et rappellent à ceux-là : qu'ils ne doivent rien abandonner d'eux-mêmes, que les socialistes doivent tout subordonner aux principes du parti, et que celui-ci doit rester un parti d'opposition à l'état bourgeois, comme si la guerre mondiale n'existait pas !

Vraiment, quand on se réclame du socialisme scientifique, je me demande, en l'occurrence, ce que devient la logique de ce raisonnement où *les faits* et *les idées* sont dans une telle opposition.

Pour rester logiques, les idées doivent découler des faits. Ce qui est conforme à notre doctrine, c'est l'attitude du combattant, et de celui qui, à l'arrière, inspiré par les mêmes idées et la même abnégation — sans cesser pour cela de rester un révolutionnaire, ni rien abandonner de ses principes — consent aux mêmes sacrifices, c'est-à-dire agit dans son propre milieu, pour la même cause et les mêmes buts que le combattant lui-même.

Par contre, sont brouillés avec « la tradition » et la véritable « action révolutionnaire » ceux *qui subissent les événements sans savoir en profiter* en faisant l'effort nécessaire. Cette seconde attitude est la négation de la première. Et dans ce cas, les professions de foi en faveur « du salut de la nation » ne sont plus que du verbiage sinon hypocrite, du moins sans valeur.

L. Z.

Cette grave et importante question m'amène donc à l'examen de « *la collaboration des socialistes dans le gouvernement de la Défense nationale* », que certains ont assimilée à la *collaboration ministérielle des socialistes aux gouvernements bourgeois* et condamnée au Congrès d'Amsterdam en 1904 . . . .

Cela me conduit en même temps à la réfutation de cette *nouvelle politique de confusion socialiste* qui a pris naissance à propos de la présence des socialistes au gouvernement et sur lesquels on a voulu reporter les responsabilités de l'impuissance socialiste qui s'est manifestée depuis la guerre.

Considérant que le *devoir socialiste* impose de faire l'impossible pour l'obtention de *la paix durable et définitive*, j'estime donc de mon devoir de dénoncer les dangers de ce « *confusionnisme nouveau* », lequel, à la faveur des « horreurs » de la guerre, détourne le socialisme de sa voie naturelle.

Je l'accomplis donc. (1)

En 1914, c'est la guerre déclarée à la France, d'abord, c'est l'invasion de notre territoire par les troupes germaniques ensuite, qui ont justifié

(1) Ces débats théoriques, cet antagonisme des écoles, sont la plus grande force du parti républicain. Cest ce qui constitue sa supériorité sur les autres partis formés d'immobilisme et pétrifiés dans leur vieille formule immuable. (Blanqui, *Le Cri du Peuple*).

l'entrée de deux socialistes au gouvernement devenu celui de *la Défense nationale.*

Devant le danger national, la guerre, tout en conservant son caractère d'*essence capitaliste* (1), imposait cette attitude aux socialistes : Là était le devoir socialiste.

Après *la victoire de la Marne*, la guerre revêt une nouvelle forme et entre dans une nouvelle phase; l'entrée d'un troisième socialiste s'impose à nouveau. Et il y a unanimité pour reconnaître qu'Albert Thomas a « une besogne spéciale » à accomplir, dont l'organisation de l'*armée de réserve du travail* est la plus belle affirmation. (2)

---

(1) « Le fait » que « la guerre est d'essence capitaliste », « a un revers ». « L'hommage rendu au fait existant risque de dégénérer en culte, en idolâtrie du fait brutal qui existe. Un socialiste a le devoir de regarder la réalité *en face*, mais il ne doit pas *se prosterner*, se mettre à plat ventre, s'abîmer devant elle, comme devant un être supérieur, un Dieu tout puissant. Il doit en tenir compte mais nullement abdiquer son indépendance. Du reste, il y a fait et fait, comme il y a adaptation et adaptation. La réalité sociale se compose de deux catégories de faits : les uns résument ce qui persiste et résiste au mouvement, les intérêts des classes dominantes et, partant, conservatrices; les autres expriment le mouvement, les intérêts des classes révolutionnaires qui s'agitent, qui tendent à changer, à transformer.

« En face de la réalité figée et pour ainsi dire morte, se dresse une réalité vivante. La méthode dialectique du socialisme scientifique *s'attache à la réalité vivante, qui s'agite, se meut, avance et transforme. C'est la réalité révolutionnaire. C'est l'âme vivante de l'histoire.* (*Encyclopédie socialiste*, livre IV, RAPPOPORT.)

(2) Et, pour qu'à l'avenir le recrutement de cette *armée du travail* ne se fasse pas désormais contre la classe ouvrière, par l'incorporation dans ses rangs d'éléments indigènes de nos

Malgré cela, à la rigueur, on s'explique qu'à la suite des différentes « offensives » restées vaines... (?) un mouvement puisse s'être produit dans l'opinion ouvrière sur l'efficacité de continuer cette collaboration socialiste au gouvernement. Je dis bien que cela peut s'expliquer ainsi, mais ne se justifie pas... C'était là le moment de démontrer sa « puissance » autrement qu'en critiques restées vaines...

Mais en 1917, il n'y a plus de doute possible, le caractère primitif de la guerre a changé du tout au tout, nettement et clairement, consécutivement aux trois grands événements que nous connaissons?

Or, c'est à ce moment-là, précisément, qu'on se trouve en présence de la plus forte opposition au sein de la classe ouvrière organisée contre le concours des socialistes au gouvernement de la Défense nationale !

Comment expliquer, autrement que je ne l'ai

---

colonies, noirs, jaunes ou bronzés, n'appartient-il pas aux socialistes de faire bonne garde ?

N'y a-t-il pas là encore une grande « *mission spéciale* » de contrôle à accomplir ?

Or, il paraît que cela ne vaut pas de se « compromettre » avec nos bourgeois, en ces circonstances exceptionnelles !!...

Quelle aberration !

Et les mêmes, qui nous parlent ainsi, trompettent à tous les vents « la paix de conciliation » avec l'autocratie militaire allemande !

Quelle honte !

Ce nouveau confusionnisme peut se glorifier d'avoir à son actif la plus belle crise de la pensée socialiste qu'il y ait jamais eue... sombrant dans la négation d'elle-même et de son action ! L. Z.

déjà fait, cette absence de clairvoyance, que sous la forme d'un *confusionnisme* profond ?

Sans revenir sur les causes du désarroi moral dans lequel nos classes dirigeantes étaient tombées, l'entrée en guerre de l'Amérique, la débâcle de la Révolution russe, n'était-ce donc pas suffisant, comme en Angleterre, pour éclairer « la bonne voie » à suivre, laquelle eût permis au socialisme de s'affirmer avec éclat !

C'est inconcevable !

L'envahissement de la France en 1914 a démontré quel était à ce moment critique *le devoir socialiste*. Et, aujourd'hui, les succès de l'autocratie militariste allemande ne disent rien, n'apprennent rien à nos camarades enlisés jusqu'au cou dans la tour d'ivoire de *l'action directe* — nouvelle édition (1) — qui, hier encore, et avec nous, ils

(1) « Hégel remarque quelque part, que tous les grands événements, toutes les grandes figures historiques se produisent pour ainsi dire deux fois. Il a oublié d'ajouter : la première fois, c'est une tragédie ; la seconde fois, une farce.

« C'est Caussidière — en 1848 — qui est là pour Danton, Louis Blanc pour Robespierre, La Montagne de 1848-49, pour La Montagne de 1793, le neveu pour l'oncle. La même caricature se retrouve dans les conditions dans lesquelles s'est faite une deuxième édition du 18 Brumaire.

« *Les hommes font leur propre histoire, mais ils ne la font pas spontanément dans des conditions choisies par eux, mais au contraire dans des conditions qu'ils ont trouvées toutes faites, dans des conditions données, transmises.* La tradition de toutes les générations défuntes est un cauchemar qui pèse sur le cerveau des vivants. Même au moment précis où ils paraissent s'employer à se transformer eux-mêmes, à bouleverser les choses, à créer ce qui n'a jamais existé encore, précisément à ces époques de crises révolutionnaires, inquiets, ils évoquent

dénonçaient comme une nouvelle et décevante *formule empirique* avec laquelle naguère on a cherché à diviser le prolétariat en deux courants opposés, dont nos amis d'au-delà du détroit viennent de faire bonne justice une fois pour toutes.

C'est navrant !

Comment ! on ose prétendre que l'*Internationale ouvrière*, qui a été impuissante à empêcher la guerre, a maintenant la force d'imposer les conditions de paix du prolétariat sans avoir besoin d'être représentée dans les conseils des gouvernements alliés et belligérants !

Mais où donc, depuis la guerre, l'*Internationale* aurait-elle pu puiser cette force nouvelle ?

— Dans les conséquences de la guerre, sans doute ?... dira-t-on. Comment alors, exprime-t-on cette force ? Comment doit-elle s'exercer ?

On dit bien que « par son action propre et coor-

---

en leur faveur les esprits du passé, leur empruntent leur nom, leur cri de guerre, leur costume pour jouer sous ce déguisement d'une antiquité respectable et dans cette langue empruntée une nouvelle scène historique... » (*Le 18 Brumaire de Louis Bonaparte*, Karl MARX.)

On peut dire, en présence de cette réédition de l'*action directe*, qu'hier « c'était une farce, qu'aujourd'hui c'est une tragédie » dans laquelle le prolétariat joue son présent et son avenir, en même temps que l'attitude présente de nos révolutionnaires modernes reste « une farce » comparativement à celles de nos « anciens ». Le néo-socialisme dont ils se couvrent pour réveiller cette action prétentieuse et si pleine de danger, en est encore à chercher sa voie, ne voulant rien comprendre ni retenir de la guerre actuelle. Comme l'a dit Marx : « Autrefois, le mot dépassait l'objet, ici l'objet dépasse le mot. »

L. d. C.

donnée, le prolétariat peut et doit s'imposer pour que le contenu de la paix soit conforme aux aspirations de la classe ouvrière ». C'est fort bien. Mais c'est insuffisant. C'est bien comme revendication, *c'est insuffisant comme moyen de réalisation.*

Guesde a toujours dit, et c'est vrai plus que jamais : « *Que le prolétariat ne devait promettre et ne dire que ce qu'il pouvait tenir* ». Formuler ses revendications, c'est le devoir de la classe ouvrière. Lui indiquer la bonne route à suivre pour les faire triompher, c'est celui des socialistes qui ne se paient pas de mots. Voilà la vérité.

Or, dire que l'*Internationale* est capable « d'imposer ses conditions de paix » en négligeant les formes d'action qui « s'imposent » avec non moins d'urgence pour pouvoir le faire, c'est préparer la faillite de l'*Internationale* en prérarant au sein même du prolétariat la plus dangereuse des désillusions.

***

C'est pour l'avoir oublié qu'on a amené le parti à se chamailler pendant deux longues années sur la réunion de l'*Internationale* pour faire triompher cette « **insuffisance** » ! aboutissant à la confusion et à la démagogie la plus déplorable. Pendant deux années, jusqu'à la Révolutiou russe, le parti n'eut d'autres préoccupations. Ceux-là même qui prétendaient — comme avant la guerre — qu'il leur était indifférent de voir Pierre ou Paul au gouvernement, en sont les premières victimes aujourd'hui (1). Non pas tant à cause des poursuites ou de la campagne idiote contre les prétendus « défaitistes » qui a suivi l'avènement du Tigre, mais par le refus qui s'est maintenu obstinément de délivrer les passeports pour la conférence de Stockolm.

J'affirme — et je vais le prouver — que c'est à la confusion, à la division morale, sinon effective du parti, à l'impuissance et au néant de son action qui fut dissolvante au suprême degré, que le prolétariat doit de n'avoir pu obtenir les fameux passeports au lendemain de la Révolution russe, alors qu'à ce moment-là on aurait dû pouvoir les obtenir facilement.

En effet, quand, au retour de Russie de nos camarades Cachin et Moutet, on s'aperçut de l'*effet* produit par ce voyage, puisque, à peine débarqués à Paris, la Chambre décidait aussitôt de se réunir en *Comité secret* pour entendre « le rapport » des deux députés socialistes, on sembla s'apercevoir

---

(1) Quand on dit travailleurs :
« Le seul gouvernement que nous devons appeler de toute notre foi et de toute notre ardeur, c'est un gouvernement prolétarien et socialiste » (*Le Populaire*, n° 65-14-6-1918) et qu'on *a tout fait* pour laisser les réactionnaires profiter seuls des événements pour « chambrer » le pouvoir et le gouvernement de la Défense nationale, on est mal venu de se plaindre de « la politique de méfiance à l'égard de la classe ouvrière », qu'on a ainsi insufflée aux dirigeants de l'heure. Entre le désir rappelé ci-dessus, et l'action de ceux qui le manifestent, la contradiction n'est-elle pas criante ? L. Z.

de la faute lourde qui avait été commise, de s'être trouvé dans « la pénible situation » d'avoir été obligé de laisser partir Moutet et Cachin « sans mandat » comme les vulgaires « pèlerins » de Zimmerwald ?

Après avoir ainsi enlevé, par avance, toute autorité à « la mission » des représentants socialistes en Russie... on affecta d'être tout surpris qu'elle ne soit pas mieux écoutée par nos dirigeants bourgeois !

On disait bien au gouvernement : « C'est au nom des révolutionnaires russes que Cachin et Moutet vous demandent de les aider en faisant ceci ou cela... »

Mais on ne pouvait pas dire avec toute l'autorité nécessaire : « *C'est au nom du prolétariat français qu'on vous commande de les entendre !...* » Car la bourgeoisie savait bien dans quel état était tombé le parti et dans quelles conditions Cachin et Moutet avaient rempli leur « pèlerinage... »

Oh ! il est bien évident que, si à ce moment-là, le gouvernement français avait pris la résolution ferme qu'on eût désiré lui voir prendre et relative à l'aide qu'il pouvait immédiatement donner au gouvernement de Kerenski, en proclamant la révision des buts de guerre, en abandonnant toutes les visées impérialistes contenues dans *les traités secrets*, en rompant, en un mot, avec le passé néfaste qui nous rattachait encore à la politique czariste, survivant chez nous à la chute de Nicolas II, il est évident, dis-je, que l'*unité* serait redevenue effective au sein de notre parti.

Mais, comme le parti, à ce moment-là, donnait le triste spectacle de ses divisions intestines, il ne pouvait imposer cette attitude à nos dirigeants, et comme ces derniers puisaient justement dans l'impuissance du parti leurs propres directives, ce fut l'*insuffisance* gouvernementale qui en est résultée (1).

Dans cette circonstance, l'impulsion de l'action prolétarienne dans le sens du mouvement en avant et qui doit être sa caractéristique, ne se produisit point ; elle fut le reflet de sa propre inaction, du néant de son action. (2)

« *Un peuple a les dirigeants qu'il mérite.* »

Cette maxime philosophique, qui est vraie dans

---

(1) « De même, nous trouvons, en considérant les choses d'un peu près, que les deux pôles d'une contradiction, comme positif et négatif, sont aussi inséparables qu'opposés, et qu'ils se pénètrent réciproquement malgré toute la contradiction qui existe entre eux. De même que causes et effets sont des idées qui ne valent comme telles qu'appliquées à un cas particulier ; mais de même que nous considérons le cas particulier dans ses relations générales avec le tout universel, de même la cause et l'effet se confondent, se résolvent dans la considération de l'action et de la réaction universelles, où *causes et effets* changent constamment de place, de telle sorte que ce qui est ici et en ce moment effet, devient ailleurs cause et réciproqaement ». (*Encyclopédie socialiste* : Métaphysique et dialectique, par F. ENGELS, livre Ier, p. 431.)

(2) Le néo-confusionnisme est *regressif* en ce sens que, comme le socialisme utopique qui : « Frappé de l'impuissance des réformes politiques pour détruire la misère économique... prêche *l'indifférence politique* (*Encyclopédie socialiste*, introduction). Frappé de l'impuissance gouvernementale, il prêche l'indifféreuce gouvernementale...

une démocratie, s'applique aussi bien au prolétariat organisé dont « l'action aboutit aux résultats qu'elle engendre ».

Les hommes sont le produit de leur milieu. Leur mentalité correspond à leur degré de civilisation. Leurs institutions sont conformes à leurs moyens de production. Leurs mœurs et leur morale découlent du « processus » économique correspondant à leur époque. Les gouvernants sont faits à l'image des gouvernés. (1)

Partant de ce point de vue « marxiste », la contradiction apparaît flagrante entre ce qu'est l'action présente des socialistes en France et ce qu'elle devrait être ; ou, pour être plus exact, entre le programme d'action contenu dans les résolutions votées à l'unanimité ou à la majorité dans les congrès du Parti — qui devrait être la loi et la règle pour tous — et l'action réalisée qui fut la négation de l'unité du parti et, en même temps, la cause de paralysie de son propre mouvement, depuis la guerre.

On reconnaît bien le nouveau caractère de la guerre, mais on veut que l'action ouvrière reste dans son cadre d'avant-guerre.

(1) « Un homme, par exemple, n'est roi que parce que d'autres hommes se considèrent comme ses sujets et agissent en conséquence. Ils croient, au contraire, être sujets parce qu'il est roi ». (Karl Marx, *Le Capital*, page 22).

On reproche aux bourgeois de n'avoir rien appris des événements et soi-même on ne veut rien en apprendre ! (1)

On se réclame de la science démonstrative des faits historiques, mais on se refuse à l'appliquer à certaines conséquences de la guerre mondiale « engendrant un monde nouveau », quand elle contrecarre certains calculs mesquins...

On prétend « qu'on doit rester ce qu'on était avant la guerre », cependant que l'on constate l'évolution accomplie dans les propres milieux bourgeois et capitalistes... L'on en arrive ainsi à nous parler de « *collaboration ministérielle* »

---

(1) Cette attitude est bien décrite par Rappoport dans ses chapitres « *Inertie sociale* », « *Misonéisme* », de l'*Encyclopédie socialiste*, tome IV. : « L'homme, dit Lombroso, a horreur du mouvement, du nouveau... ». La « haine du nouveau » s'explique tout simplement par ce fait que l'homme d'un milieu déterminé, d'une classe sociale donnée, *n'a pas intérêt au changement*, au nouveau. *Il arrive aussi que cet intérêt n'est pas suffisamment élucidé, mis en évidence par les circonstances ou par l'influence de l'éducation.* (C'est moi qui souligne cette phrase. L. Z.) L'homme aime le nouveau qui lui apporte un soulagement, un mieux-être...

Cette haine du nouveau a souvent une portée sociale et présente une nécessité historique. Lorsque les conditions d'un nouveau régime ne sont pas encore réalisées, *que les forces nouvelles capables de le faire vivre sont encore en formation* (c'est moi qui souligne. L. Z.), l'instinct de conservation de toute la société réclame le maintien de l'ancien. Quand la nouvelle maison sociale est encore en construction, on est bien obligé de garder la vieille masure malgré ses inconvénients... ». « L'inertie sociale et le misonéisme ne sont pas des explications. Ce sont des constatations ». (Livre cité page 8.)

— Mais cela explique bien l'attitude présente des néo-socialistes à l'égard de la guerre mondiale, des buts de paix démocratique et durable et de la Société des Nations... L. Z.

comme si la question, aujourd'hui, se posait de la même façon qu'avant la guerre !

N'est-ce pas d'une inconséquence manifeste ?

Par ce qui se passe en Angleterre et en Amérique, et en rapprochant l'action prolétarienne de ces deux grandes nations de celle que l'attitude des néo-socialistes ont imposée en France, la différence qui les caractérise saute aux yeux des moins avertis.

Alors qu'en Angleterre et en Amérique le prolétariat *bénéficiant déjà de conditions économiques matérielles et morales supérieures*, conquiert et acquiert chaque jour une place toujours plus grande dans « les Conseils de Défense nationale » de leurs pays respectifs, en France, au contraire, l'influence de la classe ouvrière diminue chaque jour, soumise au « flux et reflux » des événements, ballottée au gré des circonstances !... (1)

(1) Heureusement que ce « flux et reflux » des événements se manifestent sous différents aspects... car sans cela, que de bêtises, de sottises et de fautes n'aurait-on pas faites... depuis la Révolution russe, surtout ?

Il a fallu l'avènement de Clémenceau au pouvoir pour qu'« on » s'aperçoive, qu'après avoir cédé le pas aux réactionnaires dans l'influence à exercer sur le gouvernement, que la République était en péril,.. et pour « collaborer » avec des bourgeois dans « la Coalition républicaine » !

Il a fallu l'offensive allemande du 21 mars 1918 sur la Somme et la prise de Montdidier, pour « couper les ailes » à la campagne — nouvelle hérésie anti-patriotique — « contre le vote des crédits de guerre... » pendant la guerre !

Il a fallu « la surprise » du 27 mai et le recul du front jusqu'à

L'action du parti est si peu ce qu'elle devrait être, que les meilleures volontés sont paralysées, détournées de leur voie.

L'action des néo-socialistes n'est pas *propulsive*, elle est *régressive*, je le répète, car elle arrête les énergies au lieu de les pousser... Le verbe qui devrait servir uniquement à traduire, à expliquer les phénomènes économiques, psychologiques, et les lois de l'évolution historique moderne, pour éclairer et guider l'action, devient au contraire la plus belle manifestation démagogique qui ne trouve son équivalence que dans l'histoire des luttes du catholicisme. Le socialisme a ses modernes *Ariens*... et ce n'est pas peu dire...

Cela nous conduit à faire de bien pénibles réflexions :

— Si le parti socialiste, chez nous, conservant unanimement le sens des réalités, avait formé

Château-Thierry, constituant une menace pour Paris, pour qu'on puisse lire dans l'organe du néo-socialisme la déclaration ci-dessous qui justifie la belle attitude de Guesde et de tous les socialistes restés fidèles à la véritable action socialiste depuis le 4 août 1914 :

« Nous « ferons » appel au sang-froid et au courage des populations ouvrières, *même si les heures deviennent plus graves et plus angoissantes*. **Jusqu'au bout !**

« Nous resterons avec le Paris populaire, le Paris des grands jours qui a connu de terribles menaces et *n'a jamais désespéré du salut de la nation*. Les semeurs de panique ne sont pas des nôtres.

« Quant au mouvement pacifiste irrésistible, *comme en Russie*, il ne trouverait pas d'adversaires plus irréductibles que nous, s'il se produisait... ». (*Le Populaire*, n° 51, 31 mai 1918, Paul Faure.)

derrière nos ministres de « la première heure », un bloc compact et discipliné, le prolétariat en France, non seulement n'aurait jamais cessé d'être représenté dans le gouvernement national, mais aujourd'hui il le serait plus fortement que jamais... Ah! oui! Si nos « délégués par les événements » au gouvernement de la *Défense nationale* l'avaient été en même temps par un parti à l'unité effective et non verbale, dans tous les cas profondément divisé à l'intérieur, on peut dire que leur influence eût été plus grande et plus étendue dans les conseils des ministres.

Les avis et conseils des ministres socialistes furent surtout écoutés, leur place fut prépondérante au sein du gouvernement tant que le parti conserva sa dignité du début de la guerre.

Mais au fur et à mesure que le parti voyait les assemblées de ses congrès absorbées par les débats oiseux causés par *le nouveau confusionnisme* naissant, la présence des socialistes au gouvernement perdait de sa valeur... pour n'être plus que la justification d'un mouvement de division qui ne se déchaînait qu'avec trop de vigueur, hélas! ce qui imposa la fin, dans l'intérêt du parti, de ce qu'on appela « cette expérience funeste (!?) », alors que cela dût être la consécration de la force et de l'influence grandissante du prolétariat organisé.

Mais qu'on ne s'y trompe pas. Si les « antiministérialistes » ont triomphé dans cette circonstance, c'est le prolétariat qui est sorti diminué de l'aventure. Les événements qui ont suivi le prouvent surabondamment. (1)

On a permis ainsi aux forces de la bourgeoisie défaillante de reprendre notion de « ses sens... » sous la forme la plus réactionnaire.

Sous l'impulsion, d'une part, de l'entrée en guerre des Américains, bien décidés, eux, à ne pas venir en France perdre leur temps pour « le Roi de Prusse » (?...). Devant l'impuissance du parti socialiste qui apparaissait résigné à se laisser gagner par la contagion « maximaliste » (quelques groupes « jouant » déjà au *soviet*), la bourgeoisie, prenant peur, fut amenée à faire appel à Clémenceau, « l'homme à poigne » du moment...

Et maintenant, quand des incidents se produisent, dans le genre de ceux produits par la publication de la fameuse lettre de Charles Ier après celle des traités secrets de la Russie czariste, faites successivement par Trotsky et Clémenceau et dénonçant les pourparlers *individuels* ou les trac-

(1) Cependant qu'en Angleterre et en Amérique ce sont les gouvernants qui viennent dans les congrès des *Trades-Unions* et de l'*American of Labour*... en France, la *Confédétation générale du Travail* est amenée à « solliciter » une audition des parlementaires et du gouvernement pour « rétablir » une situation qui menace de devenir dangereuse et rappeler le loyalisme du prolétariat... Triste, bien triste constatation en vérité.

L. Z.

tations de certains hommes d'Etat en *dehors de leurs collègues des ministères*, peut-on encore soutenir que l'*action personnelle* d'un ministre socialiste est nulle... (1) Peut-on encore nier qu'un socialiste, que plusieurs socialistes délégués au gouvernement de la *Défense nationale* ayant reçu, au préalable, du parti le mandat d'accomplir telle ou telle « mission spéciale », ayant derrière eux, pour les guider et les soutenir, un parti socialiste véritablement et fortement unifié dans son action comme dans son organisation, avec une puissante C. G. T. homogène et groupant toute l'*armée de réserve du prolétariat*, peut-on nier, dis-je, peut-on soutenir encore qu'ils ne pourraient rien faire?

Et, cependant...

Mais « les faits » parlent si fort et portent si haut, que la situation présente faite au parti socialiste a obligé le gouvernement de M. Clémenceau lui-même à créer la porte de derrière « des commissaires spéciaux » de l'agriculture, de la marine marchande, du recrutement colonial, etc. (2)

---

(1) Ici, je ne veux pas excuser le procédé, je constate simplement un fait. L. Z.

(2) ... On parle même en *catimini* (?) de la prochaine création d'un nouveau « commissariat » pour la défense des intérêts des réfugiés et évacués des régions envahies, lequel aurait pour titulaire notre camarade François Lefebvre, député du Nord, dont on connaît le zèle à défendre ses malheureux compatriotes... Lefebvre, je n'en doute pas, sera à la hauteur de sa tâche dans cette « mission spéciale... »

D'autres chuchotent aussi de la non moins urgente nécessité d'un « sous-secrétariat spécial » chargé de l'examen méticuleux de tous les bilans des sociétés financières lesquelles par toutes

Ce qui, en l'occurence, laisse tout l'avantage des réalisations socialistes au gouvernement bourgeois, en enlevant au parti le bénéfice de l'action de ses membres investis de ces fonctions.

C'est la forme occulte de l'action socialiste réduite à n'être que l'ombre de son action particulière par l'abandon de son propre caractère qu'on semble vouloir cacher.

Or, c'est cette forme « d'irresponsabilité » qui plait à nos néo-socialistes. Et ce sont eux *qui ont poussé les meilleurs hommes d'action du parti, comme Compère-Morel, Bouisson, etc., à l'accomplir, dans ces conditions, pour sauver le socialisme d'une déchéance complète !*

Ah ! combien j'admire, au contraire, *l'action de classe du prolétariat anglais !* qui, elle, a su amener le premier ministre de la Grande-Bretagne à venir dans les congrès des socialistes et travaillistes « composer » au grand jour de sa puissance affirmée avec les représentants de la classe ouvrière

---

sortes de *bétides gombinazione* s'efforcent à frustrer le Trésor de ce qui lui revient *légalement* sur leurs bénéfices de guerre. « Les fuites sont assez nombreuses » pour avoir « le mérite de justifier cette utile institution... » le rôle des élus du peuple étant de faire « casquer les bourgeois », aussi, ceux-ci poussent-ils un des leurs, le citoyen Mistral, qui s'est tant donné de peine déjà à cette bonne besogne, à postuler à cette utile fonction...

— Chut ! voilà qu'on va dire que je prends mes désirs pour des réalités... Voyons, voyons, le Verbe, c'est bien « *pluss meilleur !...* »

L. Z.

« le plan de campagne » devant aboutir à la défaite des derniers vestiges de l'autocratie ! Combien est admirable et plus belle l'attitude des « travaillistes américains » tous représentés dans « le Conseil de la Défense nationale », pour la sauvegarde des intérêts vitaux de leur classe. Voulant ainsi, les uns et les autres, assurer la victoire de la démocratie ! Et cela, au nom des nouvelles lois historiques enfantées par la « crise de croissance » de la démocratie secouant, dans un effort suprême, le carcan qui enserre encore l'humanité dans son vieux moule social ruisselant de sang !!...

Naturellement, ce néo-confusionnisme engendra un autre mouvement qui, pour s'y opposer — ce qui était bien — exagéra de son côté sa critique et « sa réaction » — ce qui devenait un mal, en même temps qu'une erreur et une faute, un danger pour l'*unité socialiste* bien compromise déjà. Ce nouveau mouvement fut celui des anciens « socialistes français ministérialistes et blocards » d'avant-guerre dirigé par le citoyen Varenne. Son erreur, c'est de voir dans le néo-confusionnisme « une conséquence de l'application des formules marxistes », qui auraient pris une trop grande place dans l'action du parti, alors, qu'au contraire, le néo-confusionnisme actuel est la négation du socialisme scientifique qui commande la marche en avant et s'oppose à l'arrêt, à l'absence d'action, sous des prétextes qui, pour avoir eu leurs raisons en temps de paix, ne valaient qu'autant que les conditions de luttes n'ont pas changé.

La faute qui se dégage de l'attitude de Varenne et de ses amis, est de commettre une erreur aussi grande, en « ramenant » leur point de vue aux mêmes conceptions surannées, sans comprendre eux-mêmes la leçon des événements... qui commandent aujourd'hui plus que jamais, qu'en raison de la grande force acquise par le prolétariat et le travail, depuis la guerre, la formule de « collaboration ministérielle » ne vaut qu'autant qu'elle a pour but bien déterminé d'accomplir telle ou telle « mission spéciale » imposée pour la défense des intérêts de la classe ouvrière, se confondant avec les nécessités de la défense nationale.

« La collaboration ministérielle pure et simple, dans un but d'union et de défense républicaine », repoussée à Amsterdam, est devenue « *la nécessaire collaboration à la Défense nationale* », *conditionnée* à l'obtention de tel ou tel portefeuille correspondant à telle mission à accomplir dans l'intérêt supérieur du prolétariat ! Lequel, au cours de cette guerre, a conquis ses « droits de cité » dans la nation, dont le salut est inséparable de sa propre émancipation.

La différence est assez sensible pour qu'on ne s'y trompe pas. Au Congrès du parti socialiste de Bordeaux, en 1917, la motion Pressemane, faite au nom du néo-confusionnisme, posait bien le principe de cette « collaboration conditionnée ». Mais dans la pratique de leur action, les auteurs de cette motion en empêchent l'application qu'ils n'acceptèrent que dans un but *exclusif* de paix — immédiate — durable et juste, mais sans subordonner, au préalable, cette paix à la chute de l'autocratie allemande et de son militarisme !!... seul moyen d'obtenir la paix démocratique et définitive comme ils la réclament eux-mêmes !

— O démagogie, c'est bien là de tes coups...

Faut-il donc toujours rappeler « les buts du socialisme scientifique?... (1) comme à des écoliers qui oublient trop vite l'enseignement du « maître?!... » devant les événements qui se poursuivent sans arrêt.

Parce que l'on veut rester immuablement attaché à « la tactique traditionnelle » et qu'on ferme

---

(1) Pour atteindre ses buts, il faut, d'une part, *que le régime capitaliste atteigne un haut degré de développement* et que, d'autre part, *le prolétariat, par son organisation méthodique et par sa conscience de classe développée, arrive à la pleine maturité politique et sociale.* L'action prolétarienne ne peut aboutir à la révolution sociale que sur un terrain ainsi préparé *nationalement* et *internationalement.*

» Le socialisme scientifique est par conséquent *réaliste, révolutionnaire et partisan de l'action politique sous toutes ses formes. Il s'appuie sur des forces historiques* et non *exclusivement* sur la volonté des hommes.

» Il reconnait la nécessité de l'action continue et méthodique, des initiatives énergiques, *mais il les subordonne aux conditions préalables de l'évolution.* Il combine la force de l'homme à celle des choses. *Il détermine les conditions du succès certain.* « *(Encyclopédie socialiste.* Introduction. RAPPOPORT et COMPÈRE-MOREL).

aussi les yeux devant l'évolution des faits, croit-on arrêter le mouvement ?

C'est ce qu'on est en droit de demander aux promoteurs de ces deux « oppositions » qui se forment dans le parti, dont la pensée reste en « panne » devant cette idée d'avoir à changer son action d'avant-garde, pour la rendre conforme aux nécessités de l'heure, en même temps qu'aux lois de l'évolution. (1)

La Société des Nations a aussi, je l'ai déjà noté, tout un monde de détracteurs.

Derrière nos dirigeants bourgeois, prisonniers de leur passé, il y a la bande des aigrefins et des profiteurs de la guerre qui, comme le signale Mistral dans « *Le Populaire* », réalisant des 1400 % de bénéfices dans leur « industrie de

(1) Cette idée de changement universel, de l'évolution permanente n'a rien de métaphysique. *Elle est toute moderne, réaliste et scientifique.* De nos jours, M. Henri Bergson, le grand philosophe français, a donné à cette idée une expression élégante, on peut dire *artiste* : « *A vrai dire,* écrit-il, *il n'y a jamais d'immobilité véritable, si nous entendons par là une absence de mouvement. Le mouvement est la réalité même.* » Mais quand : « l'immobilité *étant ce dont notre action a besoin, nous l'érigeons en système,* nous en faisons un absolu, et nous voyons dans le mouvement quelque chose qui s'y surajoute. Rien de plus légitime dans la vie usuelle.

« Mais lorsque nous transportons cette *habitude d'esprit* dans le domaine de la spéculation, nous méconnaissons la *vérité vraie*, nous créons, de gaieté de cœur, des problèmes insolubles, *nous fermons les yeux à ce qu'il y a de plus vivant dans le monde réel* ». (Henri Bergson, *la Perception du changement*, Oxford, 1911, de l'*Encyclopédie socialiste*, livre Ier, p. 307.)

guerre » (!), ne reculent devant aucun « crime à commettre ». Ceux-là forment le sinistre groupe « des forbans de la finance » constituant au sommet du régime capitaliste le sinistre pendant de ceux qui, au bas de l'échelle sociale, les souteneurs et les apaches, forment « la lie du peuple ». Les uns et les autres sont les abominables produits des milieux pourris et corrompus auxquels ils appartiennent. Tous, il compromettent la classe d'où ils sortent.

Ce sont des gens sans foi ni loi, et pour ceux-là, les scrupules et la morale sont lettre morte.

Mais, alors que les apaches ne menacent la sécurité que de quelques-uns et ne font marcher que les gendarmes, les autres, les bandits de la nouvelle « chevalerie » industrielle et financière, menacent la sécurité de tout le monde, en s'imposant comme les directeurs de la nation qu'ils « écument », envers et contre les gouvernements eux-mêmes. Car cette bande a *sa* grande presse d'affaires qui *façonne* l'opinion publique selon les besoins de ses criminelles « opérations... »

La *Société des Nations* est donc dénoncée par cette presse comme un rêve humanitaire utopique, sans portée, parce que sans possibilité de réalisation...

On veut faire *croire* ainsi, au public badaud,

qu'on « lui bourre le crâne » avec cette fantaisie socialiste et américaine...

Et tout le monde marche... Le Tigre, en personne, marche aussi... car lui ne croit pas non plus *à la Société des Nations !...*

« *Vous y croyez, vous autres?...* »

Certains socialistes, même, marchent aussi dans la combinaison... les derniers, c'est vrai, mais ils suivent tout de même... le mouvement, prétendant qu'on peut et qu'on doit... faire la paix auparavant ! Après, nous verrons bien... Cessons le carnage, d'abord !...

Voilà leur antienne présente... qui revient sans cesse comme une litanie...

Les malheureux !

Ils ne voient pas qu'en Russie « on a fait la paix d'abord » et que le carnage se continue... *par l'extermination des socialistes*, de « la vermine révolutionnaire ! »

Ils ne comprennent pas que c'est à son propre suicide qu'ils entraînent le prolétariat, en fourbissant les armes qui, demain, permettront à nos adversaires, à nos ennemis de classe, de mieux « sabrer » les travailleurs !

Guesde, avant la guerre, a dénoncé la propagande anti-patriotique d'Hervé comme une propagande criminelle et dangereuse qui, si elle avait été adoptée par le parti, aurait été de la part des socialistes un acte « de haute trahison envers le prolétariat et le socialisme international ! »

Aujourd'hui, c'est à ce piètre résultat, c'est à une véritable *trahison envers le socialisme* qu'on aboutirait, si *ce néo-confusionnisme* triomphait.

Oh ! assurément, nos néo-socialistes proclament qu'ils ne veulent « pas de la paix comme en Russie » « n'importe comment !... » Mais en même temps, ils affirment sentencieusement : « Que les traditions révolutionnaires des socialistes français s'opposent à la guerre !... Que c'est ce point de vue qui a constitué la charte du socialisme international..., qu'en conséquence, le socialisme « *se suffisant à lui-même* » doit « *par son action directe* » imposer la paix au Monde ! »

Voilà la formule sacrée qui doit guérir l'humanité, mais qui, en attendant, ne sont que des déclamations creuses et vaines...

Parce que, dans les conjonctures présentes, on fait d'une vérité de « fait » du *socialisme se suffisant à lui-même* l'abandon de sa raison d'être, qui est de conformer son action aux lois de l'évolution, aux phénomènes qui engendrent cette évolution, aux conséquences qui en résultent.

Cette action directe, c'est-à-dire qui ne doit s'exercer que de l'extérieur, en dehors des institutions gouvernementales de la société bourgeoise, n'est pas plus vraie pour l'action politique que pour l'action économique du prolétariat. Elle ne rime à rien. *Elle est une réduction de la lutte des classes qui doit s'exercer partout où la classe capitaliste exerce son action.* L'erreur des syndicalistes était de « borner » leur action. Celle des néo-socialistes est du même tonneau.

Avec ce *credo* de l'*intangibitité* de l'action ouvrière, ils ne se rendent pas compte aujourd'hui qu'ils font le jeu de ceux-là qui ont le plus d'intérêts à ce que cette institution de *paix durable et définitive* ne se crée pas : De l'*autocratie militariste de Prusse* et la *finance théocratique impérialiste cosmopolite*, deux vampires qui vivent... de la guerre, dont la démocratie mondiale veut et doit s'affranchir !

***

La campagne sournoise qui se dessine ainsi contre la *Société des Nations*, timide encore aujourd'hui, mais qui sera violente demain, est le digne pendant de la propagande anarchiste contre le *suffrage universel* dont la *Société des Nations* est le complément nécessaire pour pouvoir étendre les bienfaits des institutions démocratiques à tous les peuples opprimés.

En passant, je signale donc toutes ces discussions byzantines qui s'élèvent déjà au sujet de « *la liberté des peuples à disposer d'eux-mêmes* » qui forme le centre d'attraction de la *Société des Nations* dont elle est la raison d'être et le corollaire.

Pour les profonds penseurs de la casuistique du néo-socialisme, restant éternellement dans les brumes sentimentales de l'égoïsme grossier d'un père qui veut avant tout recouvrer son ancienne tranquillité, sans souci de l'avenir de ses petits, « *la liberté des peuples à disposer d'eux-mêmes* » est, paraît-il, aussi difficile à établir, dans l'état présent des nations, que de « chercher la quadrature du cercle ! »

Pour se donner raison, ils déforment les principes fondamentaux de la *Société des Nations* qui imposent naturellement la reconnaissance des nationalités appelées à en former les éléments constitutifs.

Le raisonnement simpliste et... intéressé — pour leur mauvaise cause — qu'ils tiennent est celui-ci : « *La liberté des peuples à disposer d'eux-mêmes* » comme on l'entend aujourd'hui, on la reconnaîtra sans doute à quelques nationalités, comme la Belgique, la Serbie, le Monténégro, qui devront recouvrer leur indépendance d'avant la guerre. Peut-être la reconnaîtra-t-on à la Pologne dont la reconstitution nationale sera une des conséquences de la guerre, mais les autres ?...

L'Arménie comme la Transylvanie, l'Irlande comme l'Egypte, l'Yougo-Slavie comme la Dalmatie, les territoires irrédentes d'Italie, comme le Trentin, Trieste, après l'Asace-Lorraine, est-ce que tous ces peuples auront droit à cette « liberté d'indépendance ? » demandent-ils.

Voilà donc des gens qui, réclamant *la paix juste et durable*, la voulant tout de suite, sont ainsi amenés à revendiquer la reconnaissance de « la liberté des peuples » pour toutes les nations opprimées de la terre ! et qui, sachant par avance que cette réalisation intégrale est impossible d'*impromptu*, accusent les promoteurs de ce principe d'avoir leurs propres pensées, et concluent ensuite presque à l'imposture... et crient au sophisme !

Tout en leur faisant remarquer ensuite qu'ils « embrouillent » à dessein les cartes en mettant sur le même pied « l'Alsace-Lorraine, l'Irlande, la Dalmatie » avec le reste, ils commettent un non-sens historique comme de vulgaires Scheidemann, et, qu'on ajoute : « Oui, la *Société des Nations*, ce sera *la liberté pour tous les peuples à disposer d'eux-mêmes*, mais sous des formes diverses et successives, et, dans des conditions à déterminer par la *Société des Nations* elle-même, instituée par le *Congrès de la Paix*. Donc, quand un peuple arrivé à sa conscience nationale, revendiquant son indépendance, *le fera dans de telles conditions* qu'il faudra la lui accorder, la *Société des Nations* n'aura plus qu'à l'enregistrer et à souhaiter la bienvenue à ses représentants au sein de son institution effective, représentative de l'Inter-Nation. »

De ce petit discours plein de bon sens et de « réalisme » possible dans l'état actuel des sociétés, ces braves gens ne retiennent que votre affirmation que vous voulez la *liberté des peuples à disposer d'eux-mêmes* entière et absolue, pour vous accuser de vouloir « la Guerre de cent ans ! »

Et, d'une conséquence inéluctable de cette guerre, de cette conquête de la démocratie sur l'autocratie, nos farouches « pacifistes » tranche-montagne et coupeurs de cheveux en quatre en font une chimère irréalisable... avec la même maëstria qu'ils font de leur *insuffisance* le *critérium* de la puissance révolutionnaire ! Leur œuvre de dissolution démagogique ne peut que conduire le prolétariat à l'agonie... comme en Russie.

Cela prouve la pauvreté intellectuelle de ceux qui sont victimes du mirage de cette littérature toute d'incohérence avec laquelle ils justifient leur action « émolliente » et « dissolvante » des énergies prolétariennes. Ils prétendent pouvoir se réclamer du marxisme le plus pur, alors que leur tactique « traditionnelle » (?) en est la négation même. (1)

(1) Nos néo-socialistes sont comme les précurseurs du socialisme : « *La classe ouvrière n'existe pour eux que sous cet aspect de la classe la plus souffrante* » incapable de pouvoir discerner les antagonismes que la guerre a découverts ou a fait naître au sein même de la société capitaliste et d'agir en conséquence. Je les prie donc de lire les œuvres de Karl Marx : *La Lutte des Classes en France de 1840 à 1850 et le 18 Brumaire de Louis Bonaparte* et ils se rappelleront pourquoi et comment Napoléon III put à son tour faire son coup d'État en 1852 ; je leur recommande également la lecture de l'*Histoire de l'Allemagne contemporaine*, de H. Lichtenberger, et ils apprendront que l'unité de l'autocratie allemande a été le fait de deux capitulations successives, des républicains bourgeois du Parlement de Francfort en 1848, de Badinguet en 1870...

Et que sa force présente résulte de la capitulation des Bolchevicks russes...

Il y en a assez, je pense, pour comprendre le danger d'une tactique comme celle de nos néo-confusionnistes. L. Z.

VIII

Les forces morales du Prolétariat

Quand on pense au triste bilan de la guerre qui se poursuit et qui ne peut pas s'arrêter, tant que les gouvernements de proie qui l'ont déclenchée resteront les maîtres de la situation, sous peine de capitulation honteuse comme celle de la Russie, on frémit d'horreur contre un régime coupable d'aboutir à de semblables hécatombes et à de pareilles ruines... Oui ! Mais, l'on reprend son sang-froid aussitôt, en songeant que, malgré toutes ses horreurs, la guerre voulue par l'envahisseur travaille pour le socialisme par ses conséquences. En effet, si la guerre est le produit du système capitaliste, au service des gouvernants criminels de Berlin et d'ailleurs, son sinistre bilan amènera le triomphe du socialisme.

Le nouveau stade de l'évolution historique consécutive à la guerre mondiale se manifeste dans l'ordre moral par la recherche du moyen d'éviter le retour d'une semblable calamité.

Quand Jean Jaurès émettait cette noble pensée de « *l'unité humaine par la fédération des nations autonomes* », il nous apparut, à nous autres marxistes, comme un grand utopiste, et, lui-même n'en croyait pas la réalisation si prochaine...

C'était, pour le grand penseur dont le monde s'honore, l'affirmation d'un haut idéal de paix dont il en exprimait à la fois le moyen et le but. La réalisation en était laissée au libre développement de la démocratie dans le monde, aspirant toujours à la grande « unité humaine », pour la paix et la réconciliation sociale universelle.

Sans cesse, Jaurès faisait appel aux forces morales du prolétariat pour qu'il puise, dans l'évolution économique, les notions du *droit nouveau* en faveur du *travail*, pour aboutir enfin pacifiquement à son émancipation totale et définitive.

Mais la guerre est venue... et c'est dans le sang, les douleurs, les ruines et les larmes... que ce *droit nouveau* est apparu, a surgi !...

Jaurès est devenu le grand génie de la paix, et son beau rêve sera demain une réalité vivante, grâce aux progrès continus de la matière transformant « les anciennes formes de combat », non seulement sur les champs de bataille, mais pour les luttes économiques entre le travail et le capital.

L'idéalisme devient ainsi une réalité quand les conditions matérielles de l'application d'un idéal sont réalisées.

Voilà les vérités historiques enseignées par le socialisme scientifique.

Conjointement à la poursuite de la guerre

s'élaborent les lois nouvelles qui devront régler les rapports du travail et du capital sur de nouvelles bases.

Une véritable révolution est en voie d'accomplissement dans cet ordre d'idées également, déterminée par les conséquences financières de la guerre.

En effet, ce qui formait le pivot des revendications ouvrières, il y a cent ans, alors que le socialisme n'était encore qu'à l'état utopique, le produit spéculatif d'imaginations généreuses, souffrant devant les misères ouvrières, c'était avant tout autre chose de pouvoir « *travailler pour vivre...* » Le *droit au travail !* voilà la revendication pour laquelle en 1830 les canuts de Lyon dressèrent des barricades !...

A cette époque, du mouvement philosophique existant — qui précède toujours l'évolution des faits — sortirent les idées contemporaines d'émancipation humaine.

Les précurseurs du socialisme, comme Fourier et Victor Considérant, cherchèrent surtout les moyens de « rendre le travail plus attrayant... » (1)

(1) Le rêve de Charles Fourier et de son grand disciple Victor Considérant sur « *le travail attrayant* », peut aujourd'hui se réaliser grâce au développement de la science mécanique et des machines-outils, grâce aux grandes entreprises capitalistes — qu'il suffira de « socialiser » après avoir été *monopolisées* — on pourra organiser le travail pour qu'il devienne « agréable »

A cette époque, qui marque le point de départ du développement capitaliste engendré par la découverte de la vapeur, la misère des ouvriers étant grande et augmentée par de longues périodes de chômage. La machine était considérée par les travailleurs comme l'*ennemie*, « la coupeuse de bras ! »

Ils rendaient le machinisme, naissant alors, responsable de leurs maux. Et la colère contre les malheureux inventeurs montait vite. Jacquard, auteur du métier à tisser qui porte encore son nom, en sut quelque chose !...

Il fut donc admis que cette revendication était juste et fondée... correspondant aux besoins, à la mentalité de cette époque.

Puis, la concentration capitaliste prenant un essor prodigieux, le prolétariat grandi s'organisa et formula de « meilleures conditions de travail » (journée de huit heures, minimum de salaires).

---

comme avaient voulu l'établir les *fouriéristes* dans leurs phalanges (Voir l'*Encyclopédie socialiste*, livre Ier).

Au reste, c'est au progrès mécanique qu'on doit d'avoir vu les braves soldats de la bourgeoisie en 1914 et 1915 se « muer » si facilement en mécaniciens ! Ce genre de travail étant plutôt « attrayant », fut considéré par tous ces patriotards comme un « filon » merveilleux. D'où il appert, qu'un fait déjà existant, n'apparaît comme vérité indéniable qui peut devenir une source de profits moraux et matériels, que, quand un autre fait, éclatant à son tour, en fait surgir les avantages, comme des « nécessités ». Ce que les ouvriers n'avaient pas encore vu dans les nouvelles formes du « travail attrayant », les bourgeois se sont chargésde le leur montrer... mais sous la forme la plus « immorale » de l'époque, c'est-à-dire au moment précis où on ne devait pas le rechercher... L. Z.

Il fut ainsi reconnu que le salaire de l'ouvrier devait correspondre à ses besoins.

Ce principe a été seul admis jusqu'ici par les capitalistes.

Ceux-ci restant maîtres des moyens de production et conservant le pouvoir politique, ils ont donc tout en mains pour faire les lois en conformité de leurs intérêts de classe.

Les ouvriers s'élevant à la conscience de classe, sont devenus socialistes; ils formulent de nouvelles revendications : Pour le travailleur moderne, l'ennemi ce n'est pas la machine, c'est le capitaliste qui l'a accaparée à son seul profit. Il en réclame la propriété sous la forme déterminée par les moyens collectifs de production mécanique, c'est-à-dire sous la forme de propriété collective et sociale.

— Considérant que pour assurer son indépendance le producteur doit être propriétaire de son outil de travail; du moment que cet outil, sous la forme machine, devient un moyen de production collective, pour assurer l'indépendance à tous les travailleurs qui œuvrent autour, il faut que la propriété de ce machinisme soit collective.

Le collectivisme découle donc de cette évolution. Le mérite de Guesde fut d'en créer la théorie et d'en fixer la doctrine, laquelle devint l'arme et le moyen de propagande du prolétariat organisé en parti de classe, en parti ouvrier (Marseille 1879). Mais la bourgeoisie, qui depuis la Révolution est au pouvoir, entend profiter seule du progrès qui en est résulté.

Comme, au xvie siècle, alors que la Cour et les seigneurs « s'arrangèrent » pour bénéficier seuls de la découverte de l'*Imprimerie* et du développement des lettres, nos bons bourgeois, devenus les grands jouisseurs de la terre, « s'arrangèrent » pour profiter seuls des bienfaits de *la vapeur* et du machinisme.

Sous la forme de « sociétés anonymes », ils créèrent la propriété collective pour leur usage personnel ; ils établirent définitivement l'exploitation collective des nouveaux moyens de production collectifs... Et le *militarisme* devint le triste pendant de l'*Inquisition* pour mettre les ouvriers et tous les protestataires à la raison...

Cependant qu'à la *Renaissance féodale* du xvie siècle correspondit la *Renaissance de la bourgeoisie capitaliste* du xixe siècle.

On connaît la suite...

« *La socialisation des moyens de production, de transports et d'échange* » fut donc la revendication suprême de tout le prolétariat organisé en parti de classe, poursuivant la conquête des pouvoirs publics pour l'expropriation des expropriateurs capitalistes... *seul moyen d'arriver à la paix sociale.* (1)

(1) « Il n'y a pas d'idéal plus noble que celui d'une société où le travail sera souverain, où il n'y aura ni exploitation, ni oppression, où les efforts de tous seront librement harmonisés,

C'est pour arriver à ce but et par ce moyen : « la conquête des pouvoirs publics », que s'affirme la lutte des classes, entre les deux classes rivales...

Mais l'intérêt étroit de la bourgeoisie lui suggère les moyens d'empêcher, d'arrêter le mouvement ouvrier et socialiste.

Je n'en rappellerai qu'un pour rester dans mon sujet de démonstration théorique.

Exploitant l'ignorance ouvrière par l'emploi de tous les moyens à sa disposition (instruction, presse, romans, théâtres, etc.), elle réussit, assez bien ma foi, à faire *accroire* au peuple, au public, que le collectivisme est une invention métaphysique !

— « Le collectivisme..., a-t-on l'air de demander, Ké... Ksé... Kça ? Connaissons pas ! »

On dit alors aux ouvriers :

— « On vous « bourre le crâne » avec ça !

— « C'est une invention des *ouverreriers* politiciens et des « meneurs », des arrivistes, des fauteurs de troubles !... etc., etc. »

---

où la propriété sociale sera la base et la garantie des développements individuels. Que tous les hommes passent de l'état de concurrence brutale et de conflits à l'état de coopération, que la masse s'élève de la passivité économique à l'initiative et à la responsabilité, que toutes les énergies qui se dépensent en luttes stériles ou sauvages se coordonnent pour une grande action commune, c'est la fin la plus haute que peuvent se proposer les hommes. » *Armée Nouvelle*, page 426.

Ah ! mes amis, qu'est-ce que les premiers propagandistes ont pris pour leur rhume !...

Pendant ce temps-là... le collectivisme monté et détenu par les capitalistes, par actions et en action, produisait de beaux millions et des milliards aux bourgeois qui, eux, « savaient » en user à leur seul avantage !...

En attendant, des conflits éclataient tous les jours, et partout, entre patrons et ouvriers. Et, quand ceux-ci criaient trop fort, c'est à coups de fusil qu'on leur répondait...

Puis, comme une catastrophe, la guerre éclate, et comme si on avait vécu dans un monde où cela ne pouvait pas se prévoir !... voilà que brutalement tous les vieux principes du régime capitaliste, si laborieusement établis, sont culbutés, enlevés par la bourrasque comme de simples fétus de paille !

Pour la résistance du pays... voilà maintenant que « l'organisation collective » de toutes les forces matérielles et morales s'impose !

L'utopie d'hier devenait une nécessité !...

Il fut alors curieux de voir tous les anti-collectivistes de la veille devenir les protagonistes (?!) des « nécessités nouvelles qui s'imposaient à tous les hommes de bon sens et résolus à faire tout leur devoir de bons Français et de bons patriotes ! »

L'union sacrée se fit sur ce thème. La grande

presse y alla de ses bons conseils ! On donna des leçons ! On fit appel à la conscience de tous pour aider, encourager et donner son concours « aux œuvres d'organisation collectives ! » On préconisa partout et en toute occasion « l'effort collectif ! », « le groupement collectif ! » C'était indispensable au relèvement économique du pays !...

De plus, pour assurer le ravitaillement, le pain à tous, on reconnut, là aussi, la nécessité de substituer l'intérêt général de la collectivité à l'égoïsme des particuliers... et la mort dans l'âme, on dut s'adresser aux paysans pour les éclairer à leur tour sur la nécessité de « l'organisation de la production agricole, communale, « collective » des terres abandonnées et en friche... »

C'est prodigieux, ce que ce mot magique du collectivisme devenait à la mode par le canal de ses dérivés grammaticaux employés à l'occasion et pour la Défense nationale !

Bien entendu, rien n'avait été prévu non plus pour « cette nouvelle forme de combat » et de résistance !... Et pour cause...

L'Etat, les communes, personne n'était préparé à ces multiples besognes « d'organisation collective » que le salut de la nation imposait.

Et, comme c'étaient tous les adversaires du collectivisme qui étaient au pouvoir, il ne faut pas être surpris des fautes, des erreurs commises !

Que de tâtonnements, d'errements, de tergiversations, d'ordres, de contre-ordres, de demi-mesures, de quarts de mesures, d'absence de mesures ! Que de preuves d'incapacité, d'impuissance, d'incohérence... et de mauvaise volonté qui se manifestèrent en l'occurrence !

Ce fut abracadabrant !

On conçoit bien que, dans la circonstance, notre bourgeoisie dirigeante n'a « marché » que contrainte et forcée par les événements et sous l'impulsion des « faits ».

Et, alors... ceci est la cause de cela...

On a, sauf quelques honorables exceptions très rares, travaillé comme un mauvais ouvrier qui « sabote » sa besogne. On « organisait » sans trop savoir ce qu'on faisait et on aboutissait le plus souvent à « désorganiser... »

Dans les ministères, dans les bureaux « on n'avait pas de cœur pour cette besogne-là ». La foi, la confiance faisaient défaut... car en définitive « y avait trop de collectivisme » dans tout cela ! On faisait alors de la « bouillabaisse... » de la bouillie pour les chats...

En *catimini*, on chuchotait :

— « Vous comprenez, faut se réserver pour l'après-guerre... Ce que nous faisons là, ce n'est que « du provisoire... » Pas besoin de s'en faire... Nous pourrons plus tard démontrer la faillite du collectivisme, en rappelant nos « expériences » laborieuses — ô combien — du temps de guerre... il est donc important que nous paraissions faire quelque chose... en n'aboutissant à rien de bon ni de positif... » (1)

. . . .

Et j'enregistre avec plaisir que, malgré le néo-confusionnisme, partout où il s'est trouvé des socialistes, ce sont eux qui ont pris la tête du mouvement organisateur de toutes les forces sociales susceptibles de l'être.

Sans parler des œuvres coopératives existantes et qu'ils ont développées, agrandies et étendues, dans les villes comme dans les campagnes, ils ont ouvert la voie aux idées d'organisation collective, municipale, qui survivront après la guerre...

Tous ceux-là œuvrent bien pour la Révolution sociale ! et je leur crie : « Camarades, continuez ! Vous aurez bien mérité du socialisme ! » (2)

(1) ...Et pendant ce temps-là... Comme les bourgeois républicains sous Louis-Philippe, qui « lâchaient pied quand il s'agissait de proclamer leur républicanisme et de revendiquer leur droit législatif », les « attardés » du socialisme... tournent toujours la manivelle... « ils lâchent pied quand il s'agit de profiter des circonstances favorables à l'organisation sociale... en revendiquant *le droit d'être représentés au gouvernement* pour pouvoir mieux dicter et surveiller l'application des « démonstrations du collectivisme », que les événements font réclamer partout à cor et à cri... et dont les bienfaits se font trop attendre... mais qui s'imposent malgré tout, malgré l'attitude hostile des chevaliers *modern-style* du néo-révolutionnarisme en « verbe ! » L. Z.

(2) L'opposition, « la critique de la bourgeoisie a aidé à la formation du socialisme scientifique. Elle a obligé le prolétariat à se dégager du socialisme idyllique, à comprendre qu'une société nouvelle ne pouvait se constituer que par un grand effort intérieur de la classe exploitée. Et, aujourd'hui même, il apparaît de plus en plus clairement aux esprits que le socialisme ne pourra triompher qu'en démontrant à la nation qu'il

IX

La Revanche du Travail!

Au point de vue des « rapports entre le capital et le travail », nous constatons les mêmes phénomènes de transformations radicales dans la façon de les concevoir.

Les conséquences de la guerre se sont fait également sentir dans ce domaine.

Il apparaît maintenant que le principe, admis jusqu'alors, spécifiant, comme je l'ai déjà rappelé, que les salaires devaient correspondre aux besoins des ouvriers, doit être réformé aussi.

Son intangibilité s'écroule et va bientôt aller rejoindre les vieilles lunes où tant d'autres « immuabilités » sont allées dormir leur dernier sommeil.

C'est un honorable sénateur, M. Deloncle, qui en a annoncé la nécessité pour cause d'intérêt capitaliste et de paix sociale en ces termes :

« Le salaire doit correspondre aux besoins de l'ouvrier? Ce n'est pas là une définition. Il ne manquerait plus que cela que le salaire ne corres-

---

est capable d'assurer une production puissante, et, dans l'harmonie de l'action sociale, le jeu libre et fort des énergies individuelles. » Jean JAURÈS, *Armée Nouvelle*, page 410.

ponde pas aux besoins de l'ouvrier ! Mais est-ce que pour évaluer un salaire on va maintenant apprécier, non pas le travail produit, mais les besoins que le travailleur a à satisfaire. Singulière façon de raisonner, en vérité ! »

« *Les temps sont changés ; chacun de nous prend conscience des devoirs nouveaux !...* »

. . . .

C'est d'Amérique, encore, que la lumière est venue... pour éclairer notre bourgeoisie...

Décidément, c'est l'*américanisation* qui va finir par être la caractéristique de l'évolution nouvelle... et qui va régénérer le vieux monde.

La grande République des Etats-Unis d'Amérique a été formée par tous les évadés, par tous les réfugiés des pays d'Europe fuyant les tortures de l'Inquisition ou les Bastilles de tous les régimes tyranniques et autocratiques du vieux monde.

Ils n'ont d'autres traditions que l'indépendance et la liberté. Ils ont donc quelque droit de venir en Europe apporter quelques « directives » pour débarrasser notre démocratie de ses « entraves » du passé qui l'immobilise, en nous apportant par surcroît leur concours pour abattre l'autocratie militariste...

***

Donc, pendant que la rage des batailles se continue sur le front pour la conquête de la paix juste et durable, pendant qu'à l'arrière l'œuvre de production et de réorganisation économique se poursuit, pendant que le confusionnisme se continue (1), on se préoccupe en haut lieu du problème d'après-guerre d'une façon très sérieuse quoique discrète. Je dis discrète, car les organes de la grande presse n'en parlent qu'avec la plus grande circonspection...

La question des « rapports entre le capital et le travail » est cependant de la plus grande importance sociale et les lois nouvelles, en voie d'élaboration, devant intervenir dans ces rapports méritent bien l'attention ouvrière et socialiste. L'action

(1) Le confusionnisme est en déroute. Il cherche sa voie. Il attend du prolétariat organisé des « directives » nouvelles. On s'aperçoit enfin que la tragédie où « les prolétariats ne pouvaient que se taire et mourir » (?) a assez duré... On voudrait agir. Mais on nage dans l'impuissance... et c'est pour cela que :

« Le Congrès de la C. G. T. qui se tiendra à Limoges au 14 juillet 1918, vient à une heure particulièrement favorable. Le débat entre minoritaires et majoritaires semble épuisé. Les discussions délicates et difficiles ont eu lieu dans les conseils nationaux et dans les congrès du parti socialiste ; depuis, les malentendus se sont dissipés, les préventions sont mortes. Pourquoi recommencer tout cela, ailleurs ?

« Ce qui importe, c'est l'action.

« On a souvent, depuis quatre ans, annoncé l'heure des peuples. Hélas ! nous ne l'avons pas encore connue. Celles qui sont passées, celles qui passent, appartenaient ou appartiennent toujours aux gouvernements, aux états-majors, aux chancelleries. *Les prolétariats ne pouvaient que se taire et mourir...* (!) ...(A qui la faute ?)...

« L'autre jour, la C. G. T., parlant aux parlementaires assemblés dans un des bureaux du Palais-Bourbon, *accomplissait un acte qui peut être précurseur* (?)

« Les mouvements désordonnés qui agitent, par ci par là, les masses ouvrières, témoignent de l'indispensabilité de vues claires et fermes. Si chacun fait le nécessaire, le Congrès de Limoges sera le plus gros événement de la guerre ». (*Le Populaire*, n° 65-14-6-1918, A. PRESSEMANE, député de la Haute Vienne.)

de nos adversaires de classe en cette matière, comme en toute autre, doit éclairer la nôtre.

C'est pourquoi je vais examiner succinctement la thèse nouvelle qu'on nous présente, pour en apprécier la cause, les effets et les buts d'où je tirerai ensuite mes conclusions.

***

Je continue donc l'extrait du discours de M. Deloncle, rapporteur de la loi Chéron sur « Les Sociétés à participation ouvrière ».

« Les temps sont changés... »

Aujourd'hui, « la formule qui consiste à dire que le salaire doit suffire aux besoins de l'ouvrier n'est pas la formule juste, vraie, équitable. En réalité, le salaire doit être fonction de la valeur du travail, et la valeur du travail doit être fonction de ce que celui qui le vend gagne sur la vente de ce travail ou de l'objet fabriqué. »

En d'autres termes : « Le salaire rémunérant le travail doit correspondre au bénéfice réalisé par celui qui le fait faire et vend l'objet fabriqué. »

C'est encore loin, très loin, de la valeur réelle du travail... mais c'est un progrès appréciable.

Et, ajoute M. Deloncle, « c'est à l'autorité d'un homme considérable dans le monde des affaires, M. Georges Perkins, qui est l'un des directeurs du *Trust de l'acier,* aux Etats-Unis, que je m'en réfère, et qui a dit :

« L'union du capital et du travail ne peut être

réalisée par le payement d'un salaire. *Les immenses progrès de l'instruction des masses réalisés dans un quart de siècle en Amérique*, le développement de la pensée individuelle ont amené ce résultat qu'aujourd'hui, entre le capital et le travail, la question n'est plus tant de savoir le taux du salaire que l'ouvrier recevra, *que si ce salaire est en proportion équitable avec les bénéfices de l'affaire...* »

« Que le temps passé par un individu au service d'un autre comporte un salaire fixe, variable d'après la nature du travail accompli, c'est-à-dire selon la profession : rien de mieux. C'est là, si j'ose dire, le *minimum de la rémunération.* Mais qu'il n'y ait pas un rapport, une relation entre le salaire de l'ouvrier et la valeur du travail effectué, le bénéfice du capitaliste, que le salaire proprement dit ne soit pas majoré d'une part du gain patronal, c'est là une chose que nous ne pouvons admettre. (1)

C'est la revendication ouvrière relative au « *minimum de salaires* » dépassée par la reconnaissance officielle de la nécessité d'introduire les éléments actifs du prolétariat dans l'administration du « système actuel de la production ». (2)

Ce sont les conservateurs du régime d'autocratie capitaliste qui proclament eux-mêmes l'urgence

(1) Conférence de M. Deloncle sur *les Sociétés anonymes à participations ouvrières en 1917.*
(2) Voir *l'Armée nouvelle*, p. 430 et suivantes.

de l'institution d'une sorte de « **Constitution** » reconnaissant *les droits nouveaux* du travail à la prospérité économique !

C'est enfin la « démocratisation » des rapports économiques entre les ouvriers et les patrons. (1)

Comme on le voit, les grands économistes de la bourgeoisie, pilotes éclairés de la classe capitaliste, ont si bien compris la loi de l'évolution nouvelle engendrée par la guerre, qu'ils s'ingénient dès maintenant à formuler toutes les mesures susceptibles, dans leur esprit, d'éviter les conflits entre le capital et le travail, *dont la coopération est enfin reconnue.*

Un droit nouveau est en voie d'élaboration. Celui, pour les ouvriers, de « Vivre... un peu plus largement... en travaillant. »

Reconnaissons le progrès sensible sur l'ancien « droit au travail pour vivre » qui n'est en fait que le droit à l'esclavage, comme l'a si bien dit

---

(1) ...Dans les concessions annoncées, la plupart des salariés ne voient qu'une manœuvre de la bourgeoisie pour « embourgeoiser » le prolétariat, pour affaiblir son ressort, surtout pour le disperser, pour disséminer son âme en l'intéressant, usine par usine, au succès patronal. Et il se peut que ce calcul conscient ou inconscient soit au fond de bien des projets de cet ordre. Mais je dis, sans vain optimisme, qu'il dépendra du prolétariat, s'il le veut, d'imprimer sa marque, la marque de son unité sur les institutions nouvelles. Il dépendra de lui de faire pénétrer la classe ouvrière, comme telle, à l'intérieur même de la production, et, *après avoir neutralisé par sa force d'organisation* la part d'intrigue bourgeoise contenue dans les offres de participation, *il pourra utiliser ce nouveau glissement du régime capitaliste.* » (Jean Jaurès, *idem.*)

Paul Lafargue (1), et qu'en 1830 les canuts revendiquaient.

Pour faire « avaler » cette pilule un peu amère au capitalisme qui, dans cette affaire, n'est pas très à l'aise, car, enfin, c'est encore un « rétrécissement » nouveau à ses prérogatives autocratiques... Et dame, pour les vieux grigous du capital... c'est difficile à leur faire entendre raison, vous savez...

Alors, *Le Temps,* organe bien pensant, sérieux et posé, est venu à la rescousse, et pour appuyer l'honorable M. Deloncle, il a dit :

« Ainsi, à l'idée de la lutte de classes, la logique des événements substitue celle de l'union du capital et du travail. Elle est certes loin d'être nouvelle ; mais il faut que, grandissant sur les ruines du marxisme allemand (!) (2), elle inspire tous les programmes d'action, détermine toutes les réformes pratiques, préside à toutes les entreprises. La paix sociale en Europe est à ce prix. »

La question est donc bien posée : Les bourgeois

(1) Voir « le Droit à la Paresse », de Paul LAFARGUE.

(2) Il est curieux de rappeler encore que c'est à l'invention d'un Allemand que la bourgeoisie doit d'être sortie de l'ombre. Car, c'est bien grâce à l'imprimerie qu'elle est parvenue à s'instruire pour s'émanciper, et de voir aujourd'hui, cette même bourgeoisie, reprocher sa nationalité à Karl Marx pour avoir indiqué aux travailleurs le meilleur moyen d'en faire autant !...

Or, Gutenberg, comme Marx, sont des enfants de cette fameuse rive gauche du Rhin que nos bourgeois du « nationalisme intégral » revendiquent toujours !...

— Sacré Napoléon 1er !... — faut-il que tu ne te sois pas assis sur tes lauriers de 1810 !... Marx pourrait faire la nique à ses contempteurs qui n'ont pas d'autres arguments !... L. Z.

disent : « De la guerre va sortir l'union du capital et du travail sur les ruines du socialisme ! »

L'intention est bonne, mais le but ne vaut rien...

Parce que les travailleurs — qui sont intéressés dans la question — accepteront bien la première partie... mais qu'ils se ficheront de la seconde... et que « les faits » prouveront que *Le Temps* et ses « rétrogrades » lecteurs se trompent... grossièrement !

La haine des bourgeois contre Karl Marx se comprend trop.

La théorie de la valeur des marchandises qu'il a établie consistant purement et simplement à la somme de travail contenu dedans, cela les... emberlificote. D'abord, parce qu'ils savent que c'est vrai. Ensuite, parce que l'ouvrier comprend bien maintenant qu'entre ce qu'il touche comme salaire et le prix auquel est vendu l'objet sorti de ses mains constitue la plus-value... empochée par les capitalistes et autres trafiquants... que cette vérité amène tout naturellement les travailleurs à revendiquer la possession de leurs outils de travail, pour que cette plus-value reste entre leurs mains.

Cela est tellement simple et clair, que le jour n'est pas loin où tous les ouvriers qui ne le savent pas encore, mais qui savent lire, l'apprendront et le sauront par cœur... Alors, vous comprenez, la conclusion ? : Les travailleurs deviendront tous socialistes, partisans de la socialisation des moyens de production, etc.

C'est cela le marxisme, et c'est pour cela que la bourgeoisie de tous *les Temps* aspire après « ses ruines... »

Mais au fond, c'est de bonne guerre, et cela n'a rien qui puisse nous surprendre... car on ne pourra pas toujours jouer à cache-cache avec cette vérité !... (1)

Donc, la bourgeoisie se tâte... Mais le sinistre bilan de cette guerre affreuse la hante bien autant que la marée montante du socialisme.

Elle en est affolée, surprise, comme hébétée...

---

(1) Déjà au XVIIe siècle, lorsqu'après la colonisation de l'Amérique par les marchands et autres trafiquants de la bourgeoisie en voie de développement, « grâce à la création, à l'accumulation entre les mains de la bourgeoisie du capital, de la propriété mobilière, en opposition avec la propriété foncière, la noblesse n'avait plus la moindre importance, elle était même tombée dans la véritable dépendance de cette bourgeoisie enrichie... « Louis XIV lui-même, ce roi si fier dans son château de Ver- « sailles, tire son chapeau devant le juif Samuel Bernard, le « Rothschild d'alors, et s'humilie devant lui pour le rendre favo- « rable à un emprunt. » (*L'Avènement de la Bourgeoisie*, E. S. d. c., p. 462.) ...Aujourd'hui, la bourgeoisie capitaliste « fait sa révérence » devant le prolétariat, et s'humilie devant le travail, pour le rendre favorable aux mesures de « conservation sociale » !... — Les bourgeois veulent « tuer » le socialisme ! Cela n'a pas d'importance. Ils n'aboutissent qu'à la faire vivre avec plus de vigueur. Ils montrent « l'intention » de supprimer « *la lutte des classes* ». Les socialistes, eux, le veulent résolument. Les moyens tendant à ce but, pour si opposés qu'ils paraissent, se pénètrent en s'engendrant mutuellement. L'évolution en marche rapproche les distances. Les deux pôles opposés de la production moderne entrent en communication... Bientôt « sur les ruines » de ce qu'on veut conserver, et par l'apothéose de ce qu'on veut « tuer », l'accord et la réconciliation se feront. L. Z.

Son passé de luttes contre le prolétariat, naissant de son propre régime d'exploitation, l'entrave pour le présent. Elle n'ose pas prendre les résolutions viriles qui sont commandées par les circonstances. Elle tâtonne, tergiverse, ne sachant quel parti prendre. Elle veut bien lutter contre le militarisme prussien, mais elle conserve ses prétentions à une sorte d'impérialisme économique qui nécessiterait encore la conservation d'une armée permanente pour défendre son champ trop vaste d'exploitation...

Mais comme, d'autre part, la réalité de la guerre qui se prolonge, malgré elle et contre elle, est là effroyable !...

...Elle se dit :

« Non ! il n'est pas possible que pareille calamité puisse se renouveler ! Il faut que, dès maintenant, des mesures soient envisagées, étudiées, prises et appliquées pour en éviter le retour... » Puis, dans un bon mouvement, messieurs les capitalistes déclarent : « Eh bien ! oui, nous le reconnaissons ! les travailleurs, la classe ouvrière, ont bien fait leur devoir ! Oui, les socialistes ont été les bons ouvriers de la *Défense nationale*... cela vaut bien le sacrifice de quelques-uns de nos principes... surannés. »

— Mais, à cette seule pensée..., l'instant d'après, comme une réminiscence du passé qui se réveille en eux, ils restent cloués sur place et..., alors que tout à l'heure ces messieurs vous apparaissaient pleins de bonne volonté et animés des meilleurs sentiments, ils conservent leur immobilité, ne font rien, ne veulent pas agir... attendant des événements quelque chose d'imprévu, leur apportant un motif, une raison de n'avoir rien à réaliser... conservant toujours une lueur d'espoir de ne rien lâcher de leurs privilèges qu'ils veulent garder intacts... (1)

...Mais l'horizon s'assombrit toujours, et d'autres bourgeois plus clairvoyants sentent bien que le régime capitaliste est menacé... (2)

Et, comme une survivance des paroles du Juste, devant ses disciples réunis au Cénacle, on entend vaguement dans l'ombre du Sénat la voix fluette du vénérable M. Ribot, qui déclare, semblant traduire le destin :

« *Si nous ne faisons rien, nous allons à des conflits inévitables...* » (3)

Paroles sages autant que significatives... mar-

(1) « La tradition de toutes les générations défuntes est un cauchemar qui pèse sur le cerveau des vivants. Même au moment précis où ils paraissent s'employer à se transformer eux-mêmes, à bouleverser les choses, à créer ce qui n'a jamais existé encore, précisément à ces époques de crises révolutionnaires, inquiets, ils évoquent en leur faveur les esprits du passé...

...*La Révolution sociale — en voie de gestation — ne peut emprunter sa poésie au passé, mais à l'avenir...* » (KARL MARX, *Le 18 Brumaire de Louis Bonaparte*).

(2) Ces diverses attitudes étant subordonnées aux événements : « Le relativisme dans le domaine social est donc absolu ». (F. ENGELS, E. S. déjà citée page 140).

(3) Discours de M. Ribot, au Sénat, lors de la discussion sur « les sociétés anonymes à participations ouvrières ».

quées au coin du désespoir d'un régime qui se voit entraîné malgré lui... sur le chemin du suicide...

Serait-il donc arrivé « le jugement dernier » contenu dans la déclaration de Châteaubriand ? :

« *Le salariat est la dernière forme de l'esclavage !...* »

***

Ainsi s'en vont les hommes... sur le bon chemin de la vie moderne qui fut celle de tous les âges, avec la différence de vitesse appropriée aux... moyens de transports existants et véhiculant à travers les siècles les idées qui, arrivées à une époque déterminée, font, « des causes aux effets », jaillir les révolutions.

Tous les hommes, quelle que soit leur classe, leur situation, leur intelligence même, pris dans l'ambiance de leur milieu où ils sont nés et où ils ont grandi, comme des chevaux rétifs qui se cabrent au moindre accident de terrain et qui, sous l'empire de la surprise que leur inspire chaque tournant brusque de la route, s'emballent comme des bêtes affolées en fichant des ruades à tort et à travers, sans souci des victimes qu'ils font et qui atteignent souvent leurs meilleurs conducteurs et amis, comme ces bêtes inconscientes, les hommes, dis-je, sont les jouets, intéressés ou victimes, des phénomènes économiques qu'ils ne jugent qu'à leurs effets immédiats. Cela les surprend toujours, ce qui leur fait faire... des sottises quand ce ne sont pas d'irréparables crimes.

Puissent-ils, nos dirigeants, ne pas oublier les dures leçons dont l'histoire fourmille ! s'ils désirent réellement qu'à cette guerre infernale succède une ère nouvelle de paix sociale ? Mais, de grâce, messieurs de la bourgeoisie, coupez donc les chaînes qui vous rattachent encore au passé et qui vous empêchent de voir juste et d'entendre clair !

***

La guerre mondiale, par *ses moyens*, *ses buts et ses conséquences*, est une véritable Révolution !

L'évolution en voie d'accomplissement depuis quatre années marque son empreinte dans toutes les branches de l'activité humaine.

Et, quand on veut en suivre les phases pour en marquer quelques caractéristiques, on s'aperçoit aussitôt que, quel que soit le point qu'on veuille examiner, les rapports que vous fouillerez, l'horizon qu'on voudra scruter et les questions qui seront discutées, partout, dans tout et pour tous, on sera amené à constater les faits nouveaux, d'où ont surgi les bouleversements que j'ai notés et relatés, dans les idées comme dans tous les rapports entre les classes, les partis, les individus. (1)

(1) Désormais la prophétie du révolutionnaire et patriote italien Mazzini est en voie d'accomplissement : « Le monde « individuel a fait son temps ; le monde social commence. De « partout en Europe, il s'élève un appel aux choses nouvelles, « aux nouvelles passions ; un appel aux nouveaux éléments « que le siècle a mis en fermentation. » (*Encyclopédie socialiste*, livre Ier, p. 298.)

Tout un monde nouveau s'élève sur les ruines de l'ancien. (1)

La guerre mondiale, au milieu de ses horreurs, proclame *la revanche du travail !* signe précurseur de la grande paix sociale qui sera le couronnement de l'affranchissement total du monde du travail, ne constituant plus qu'un monde dans l'humanité réconciliée sur « les ruines de l'esclavage capitaliste... »

Voilà le grand idéal socialiste !

Voilà ce qui, demain, après la guerre, quand la défaite de l'autocratie militariste prussienne sera un fait accompli, constituera l'œuvre de la démocratie mondiale enfin libérée elle-même du boulet qui, jusqu'alors, en a fait la serve des forces d'oppression humaines, arrêtant ainsi son essor et son développement, d'où doit jaillir et resplendir enfin le droit des peuples dans l'internation, prélude de l'égalité sociale universelle !

---

(1) La *Révolution française de 1789*, en supprimant le régime féodal, a engendré la guerre pour la défense de l'indépendance nationale et de la démocratie, dont les bienfaits se sont étendus au monde entier.

Aujourd'hui, *la guerre de défense nationale*, en s'étendant au monde entier, par la victoire définitive de la démocratie mondiale, engendrera la révolution sociale sur toute la planète.

L. Z.

X

Conclusion

Pour atteindre ces hauts sommets d'une civilisation supérieure, un lourd devoir nous incombe.

Pour l'accomplir, écoutons la voix autorisée des grands « maîtres » qui furent les génies du mouvement ouvrier et social qui a commencé au XIXe siècle et qui devra triompher au cours du nôtre.

Ecoutons Karl Marx :

« *Les travailleurs*, disait-il, *ont à se mettre au courant des mystères de la politique internationale, à surveiller la conduite de leurs gouvernements respectifs, à la combattre au besoin par tous les moyens en leur pouvoir, et lorsqu'ils seraient impuissants à rien empêcher, à s'entendre pour une protestation commune et revendiquer les lois de la morale et de la justice, qui doivent gouverner les relations des individus, comme la règle suprême des rapports entre les nations.* »

« *C'est à la lumière de ces principes que Karl Marx lutta toute sa vie pour les peuples opprimés, aussi bien que pour le prolétariat écrasé par la société capitaliste.*

« C'est en s'en inspirant qu'il défendit tour à tour les Italiens contre les Autrichiens, le président Lincoln et les noirs d'Amérique contre les Sudistes esclavagistes, les Polonais contre la Russie tzariste, les Irlandais contre la ploutocratie anglaise, les Alsaciens-Lorrains contre l'Allemagne de Guillaume Ier et de Bismarck. » (1)

C'est au nom de ces mêmes principes qu'aujourd'hui le prolétariat doit donner toute sa vie, toutes ses forces, toute sa conscience pour lutter contre l'autocratie prussienne qui opprime le Monde entier.

---

(1) Appel que la *Commission administrative permanente* du parti socialiste adresse à la classe ouvrière en l'honneur du centenaire de Karl Marx.

Ce qui confirme en outre que jamais « nous ne laisserons traduire notre glorieux cri de « *Vive l'Internationale !* » par l'inepte hoquet de « *A bas la France !* »

« Non, l'internationalisme n'est ni l'abaissement, ni le sacrifice de la patrie. Les patries, lorsqu'elles se sont constituées, ont été une première et nécessaire étape vers l'unité humaine à laquelle nous tendons, et dont l'internationalisme engendré par toute la civilisation moderne, représente une nouvelle étape, aussi indéluctable...

« On ne cesse pas d'être patriote en entrant dans la voie internationale qui s'impose au complet épanouissement de l'humanité...

« Les internationalistes peuvent se dire, au contraire, les seuls patriotes, parce qu'ils sont les seuls à se rendre compte des conditions agrandies dans lesquelles peuvent et doivent être assurés l'avenir et la grandeur de la patrie, de toutes les patries, d'*antagoniques devenues solidaires*. « En criant « *Vive l'Internationale !* » ils crient « *Vive la France du travail !* » Vive la mission historique du prolétariat français qui ne peut s'affranchir *qu'en aidant à l'affranchissement du prolétariat universel !* » (Manifeste du Conseil national du P. O. F., Socialisme et Patriotisme, 23-1-1893.)

« L'irresponsabilité » n'est plus de ce monde pour le prolétariat. Son heure a sonné. A lui de *savoir* en profiter !...

***

Ecoutons aussi Jean Jaurès qui, avec une prescience non moins merveilleuse, a écrit la belle page ci-dessous, dans son *Armée Nouvelle*, consacrée aux conflits entre capitalistes et travailleurs :

« *Capitalisme et prolétariat, dans l'ordre de la production aussi et du progrès technique, en se heurtant et se combattant, ont concouru, à travers les douleurs et les haines, à un commun progrès dont les deux classes bénéficient inégalement aujourd'hui, dont bénéficieront également les individus des deux classes, dans une société où il n'y aura plus de classes, et où les longs frissons de la guerre (entre patrons et ouvriers) terrible et bienfaisante à la fois ne se survivront plus, parmi les hommes égaux et réconciliés, qu'en une vaste émulation de travail et de justice.* » (1)

Voilà bien, en effet, ce qui se dégage de cette grande manifestation en faveur du travail et du socialisme qui s'est produite au cours de cette guerre abominable.

Engendrée par le régime de conflits perpétuels entre les individus, les classes, les nations, la

(1) L. c., page 408.

guerre voulue à Berlin a ouvert des horizons nouveaux au prolétariat.

Aujourd'hui, les travailleurs ont conscience que quand « *les longs frissons de la guerre terrible et bienfaisante à la fois ne se survivront plus* », rien ne pourra arrêter la marche de l'évolution d'où sortent « *les lois de la morale et de la justice qui doivent gouverner les relations des individus* », les conditions matérielles, politiques et morales, étant réalisées pour la complète émancipation ouvrière. Alors « *parmi les hommes égaux et réconciliés en une vaste émulation de travail et de justice* » *dans la paix démocratique juste et durable* et sous l'égide de la *Société des Nations,* le prolétariat, ayant sa complète *revanche* dans le *travail affranchi*, apparaîtra avec et dans toute sa puissance dans son grand rôle de rédempteur du Monde et de l'Humanité tout entière !

Louis ZÉCROI.

Le 10 Mai 1918.

POST-SCRIPTUM. — *En raison des circonstances actuelles, le travail de l'imprimerie ayant été assez long, c'est ce qui explique l'écart de dates existant entre certaines citations d'articles de journaux postérieures à celle du texte ci-dessus, parce qu'elles ont été ajoutées lors de la correction des épreuves.* *L. Z.*

APPENDICE

Les 4 principes et les 14 conditions de Paix du Président Wilson

Le 4 juillet est l'anniversaire de l'Indépendance américaine. C'est la Fête nationale de la grande République des Etats-Unis. Cette année, cette fête a revêtu un caractère de grandeur particulière en raison des événements actuels.

Notre Parlement a eu la bonne pensée de faire du 4 juillet une fête nationale française permettant ainsi aux cœurs des deux peuples de battre à l'unisson et de communier ensemble, à l'intérieur comme sur le front, pour la cause de l'indépendance du Monde.

A cette occasion, le Président Wilson, en commémoration de cette grande date historique, parlant sur la tombe de Washington, à Mount-Vernon, a prononcé un grand discours, précisant à nouveau les buts de guerre de l'Amérique.

Ce discours se résume dans ces quatre phrases :

— « **Nous voulons ce que voulaient Washington et ses compagnons.** »

— « **Notre conception de la lutte : Les peuples contre les gouvernements impérialistes.** »

— « **Ce que nous poursuivons, c'est le règne de la loi.** »

— « **Ces grands buts ne peuvent être atteints par des tentatives de conciliation.** »

Elles synthétisent sa conclusion qui pose comme buts de paix les quatre principes suivants :

1° « La destruction de tout pouvoir arbitraire, en quelque lieu que ce soit, qui puisse, isolément, secrètement et de par sa seule volonté, troubler la paix du Monde. Si ce pouvoir ne peut être détruit actuellement, le réduire au moins à une virtuelle impuissance ;

2° Le règlement de toute question concernant soit les territoires, soit la souveraineté nationale, soit les accords économiques ou les relations politiques, sur la base de la libre acceptation de ce règlement par le peuple directement intéressé et non sur la base de l'intérêt matériel ou de l'avantage de toute autre nation ou de tout autre peuple qui pourrait désirer un règlement différent en vue de sa propre influence extérieure ou de son hégémonie ;

3° Le consentement de toutes les nations à se laisser guider dans leur conduite les unes envers les autres par les mêmes principes d'honneur et de respect pour la loi commune de la société civilisée qui régissent les citoyens de tous les Etats modernes pris individuellement dans leurs rapports réciproques, de telle sorte que toutes les promesses et toutes les conventions soient religieusement observées, qu'aucun com-

plot, aucune conspiration particulière ne soit tramée, qu'aucun préjudice ne soit impunément causé dans un but égoïste et qu'une confiance mutuelle, basée sur le noble fondement d'un respect mutuel du droit, soit instaurée ;

4° L'établissement d'une organisation de la paix qui comprendra la certitude que le pouvoir combiné des nations libres empêchera tout empiètement sur le droit et qui contribuera à assurer davantage le respect de la paix et de la justice par l'établissement d'un véritable tribunal de l'opinion dont les décisions devront être acceptées par toutes les nations et qui sanctionnera toute modification internationale sur laquelle les peuples directement intéressés ne pourront se mettre d'accord amicalement. »

Ces grands buts peuvent être résumés en une seule phrase :

« *Ce que nous poursuivons, c'est le règne de la loi, basé sur le consentement des gouvernés et soutenu par l'opinion organisée de l'humanité* »...........

« **Le règlement doit être définitif. Il ne peut comporter aucun compromis.** »

Maintenant, comme le rappelle avec raison le citoyen Adrien Véber, dans le n° 6 de *La France Libre*, quels sont donc les points sur lesquels nulle transaction n'est possible ? M. Wilson les a exposés au Congrès américain, le 9 janvier dernier. Nous tenons à rappeler ces quatorze conditions de la paix mondiale :

1° Franchise et publicité des accords diplomatiques ;

2° Liberté absolue des mers, sauf en cas d'inexécution d'accords internationaux ;

3° Egalités économiques et commerciales entre les nations associées ;

4° Désarmement partiel ;

5° Conciliation des titres coloniaux des gouvernements avec les intérêts des populations intéressées ;

6° Evacuation de tous les territoires russes, et coopération interalliée pour fournir à la Russie l'occasion opportune de fixer, sans entrave ni embarras, l'indépendance de son propre développement politique et national ;

7° Restauration de la Belgique dans l'intégralité de sa souveraineté ;

8° Libération de la France envahie et restitution de l'Alsace-Lorraine ;

9° « Réajustement » des frontières italiennes ;

10° Délimitation des justes frontières de la Roumanie, de la Serbie et du Montenegro ;

11° Développement autonome des peuples de l'Autriche-Hongrie ;

12° Garantie d'autonomie aux nationalités soumises à l'empire ottoman ;

13° Résurrection de la Pologne ;

14° Conventions assurant à tous les petits Etats des garanties réciproques d'indépendance politique et territoriale.

En rapprochant ce « Programme de Paix » du *Mémorandum* de la Conférence des socialistes alliés de Londres, on doit comprendre pourquoi la Paix wilsonnienne est en même temps celle de tous les démocrates et socialistes du Monde.

CAMARADES, SOCIALISTES

Lisez tous :

L'HUMANITÉ, organe officiel du Parti socialiste (S. F. I. O.), quotidien. Rédaction et administration : 142, rue Montmartre, Paris (2e arrt). **10** centimes le numéro. En vente chez tous les libraires et marchands de journaux.

CONDITIONS DE VENTE

DU

VOLUME

L'exemplaire franco............	**1f 75**
Par 10 exemplaires, l'un	**1 50**
Par 50 id. l'un	**1 30**

Adresser les commandes avec montant en mandat-poste à l'auteur, 10, Place Saint-Pierre, TROYES (Aube).